법륜 스님은

1969년 초겨울 어느 날 오후,
학기말 시험 중이라 쫓기는 마음으로 부처님을 참배하고 법당을 나서는데
주지 스님께서 부르셨습니다.

"스님, 저 오늘 바쁩니다."
"그래, 바쁘다고?" "예. 내일 시험을 치거든요."
"너 지금 어디서 오는 길이냐?" "학교에서요."
"학교에 오기 전에는?" "집에서요."
"집에서 오기 전에는?"
⋮
"그 전에는?" "어머니 뱃속에서 나왔지요."
"그 전에는?" "잘 모르겠습니다."
"그럼, 너 지금 어디 갈 거니?" "집에요."
"그래? 집에 갔다가는?" "학교에 가야지요."
"그 다음에는?"
⋮
"그 다음에는?" "죽지요."
"죽은 뒤에는?" "잘 모르겠습니다. 제가 그것을 어떻게 압니까?"

"이놈! 어디서 와서 어디로 가는지도 모르는 놈이 바쁘기는 왜 바빠?"

'어디서 와서 어디로 가는 줄도 모르면서 왜 이렇게 바쁘지?'
이 화두는 스님을 출가 수행자의 길에 접어들게 하였지요.
어둔 인생의 길에 등불이 되어 주시는 부처님의 가르침을
법륜 스님은 자신의 인생에서 고스란히 밝혀
지금도 뭇 사람들에게 길을 제시해 주는 삶을 살아가고 계십니다.

법륜 스님

1988년 설립한 정토회(www.jungto.org)에서 정토행자들의 수행을 지도하고 있으며 2000년에는 만해상 포교상을, 2002년에는 라몬 막사이사이상(평화와 국제이해 부문)을 받았습니다.

지은 책에 《실천적 불교 사상》, 《인간 붓다, 그 위대한 삶과 사상》, 《금강경 강의》, 《반야심경 이야기》, 《스님의 주례사》, 《엄마 수업》, 《인생 수업》, 《일과 수행, 그 아름다운 조화》, 《기도_내려놓기》, 《깨달음_내 눈 뜨기》, 《즉문즉설1 답답하면 물어라》, 《즉문즉설2 스님, 마음이 불편해요》, 《즉문즉설3 행복하기 행복전하기》 등이 있습니다.

행복도 내가 만드는 것이네.
불행도 내가 만드는 것이네.
진실로 행복과 불행 남이 만드는 것 아니네.

스님 마음이 불편해요

법륜 스님의 즉문즉설 2
스님, 마음이 불편해요

초판 1쇄 | 2006년 10월 27일
초판 28쇄 | 2025년 2월 20일

지은이 | 법륜

펴낸이 | 김정숙
편집 | 임혜진, 이현정, 서예경
관리 | 박영준

펴낸곳 | 정토출판
등록 | 1996년 5월 17일 (제22-1008호)
주소 | 137-875 서울시 서초구 효령로 51길 7 (서초동)
전화 | 02-587-8991
전송 | 02-6442-8993
이메일 | jungtobook@gmail.com
홈페이지 | book.jungto.org

디자인 | 1919 Design
본문그림 | 박석동(진리의 숲)

ISBN 978-89-85961-47-9 04810
ISBN 978-89-85961-42-4 (세트)

ⓒ2007, 정토출판

이 책 내용의 일부 또는 전부를 재사용하려면 반드시 정토출판의 동의를 얻어야 합니다.

| 법륜스님의 즉문즉설 2 |

즉시 묻고 즉시 답하는 즉문즉설은 생활 속의
어려움과 의문을 푸는 지혜의 샘입니다.

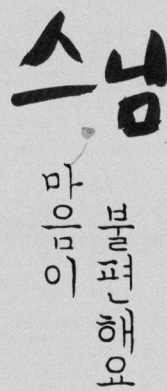

스님
마음이 불편해요

정토출판

법륜 스님의 즉문즉설 2를 펴내며

부처님의 가르침은 궁극적으로 어느 누구든 행복한 삶을 살아가도록 인도하는 것입니다. 깨달음을 얻으신 후 부처님은 당시의 상황과 조건, 요구에 따른 '대기설법'을 펴셨는데 사람들은 자신이 알고 싶은 것은 무엇이든 물었고, 부처님은 질문자가 바른 길을 갈 수 있도록 다양한 방법으로 지도하셨습니다. 그 내용이 기록으로 남겨져 경전이 되었습니다. 그러므로 경전을 올바르게 이해하자면 그 설법이 행해진 당시 사회의 환경과 질문자의 고뇌를 이해할 때 가능합니다.

2004년, 법륜 스님의 '즉문즉설' 법회를 한 권의 책으로 묶어 펴낸 뒤, 많은 독자들이 2권 출간을 물어 왔습니다. 부처님의 가르침에 따라 살펴보면 현실에서 부딪치는 인생의 많은 고민들이 명쾌해지는 것을 느꼈기 때문이리라 봅니다. 1권에 이어 『법륜 스님의 즉문즉설 2 - 스님, 마음이 불편해요』에는 부모님이나 남편, 또는 자녀와의 문제, 건강 문제, 돈·직장 문제를 상담하는 나와 내 이웃들이 있습니다. 인생의 문제를 해결하기 위해 자신의 문제를 구체적으로 드러내 놓고 이야기한 이들 덕분으로 많은 사람들이 부처님의 가르침에 한 발 더 가까이 다가갈 수 있었습니다.

  많은 사람들이 인생을 살아가는 데 이 질문과 답이 도움이 되기를 바랍니다.

편집실

| 서문 |

모르는 게 있으면 물어라

즉문즉설(卽問卽說) 법회란 누군가가 질문을 하면 법사가 적절한 답을 하는 대기설법(對機說法)의 전통에 따른 것입니다. 이제 본격적인 법회에 들어가기 전에 이와 같은 법회의 전통과 그 내용, 그리고 일반 법회와 다른 점이 무엇인지 개략적인 설명을 하고 나서 이 법회를 같이 만들어가려 합니다.

대기설법의 전통

예를 들어, 서울 가는 길을 물었을 때, 인천 사람이 물으면 '동쪽으로 가라' 하고, 수원 사람에게는 '북쪽으로 가라' 하고, 춘천 사람에게는 '서쪽으로 가라' 합니다. 누가 길을 묻든 서울 가는 길을 알려줍니다. 그러나 서울 가는 방향은 그 사람의 위치에 따라 다르지요.

이 때 '동이다, 서다, 북이다' 하는 것을 방편이라 하고, 이렇게 말하는 것을 방편설 또는 대기설법이라 합니다. 방편이란, 거짓말이나 임기응변이 아니라 조건이나 상황에 따른 가장 바른 길, 최선의 길이란 뜻이지요. 이처럼 부처님 가르침의 전형은 사람들이 먼저 물으면 그것에 대해 말씀하시는 대기설법이었습니다. 아함경은 대기설법을 기록한 것입니다.

또 이 법회는 선불교의 전통도 가지고 있습니다. 대승 불교가 발전하면서 불교는 철학적이 되지요. 사상이 심오해지면서 설명은 점점 길어집니다.

대승 경전의 대부분이 장광설인 것도 이 때문입니다. 질문이 적고 부처님 말씀만 많은 것이 있는가 하면, 질문 없이 부처님 말씀만 계속되는 것도 있어요.

여기에 대응해서 현실적이고 실천적인 문제를 간결하고 직선적으로 표현한 것이 선불교이지요. 선불교의 문답은 아함경보다 길이가 더 짧습니다. 부처님은 질문하는 사람의 입장과 처지를 뛰어넘어 바로 일러줍니다. 그러니까 질문과 대답이 논리적으로 안 맞는 것처럼 보이지요. '부처가 뭡니까?'라는 질문에 '똥막대기다' 하기도 하고, '진리가 뭡니까?' 하니까 '뜰

앞의 잣나무다'라고 합니다.

선문답은 원형으로 돌아가려는 몸부림에서 나왔어요. 사변적이고 철학적인 이야기가 아니라 단도직입적으로 현실적인 삶의 문제에 접근하는 겁니다. 바로 듣고는 무슨 말인지 잘 모르지만 사실 깊이 들어가 보면 절대 어긋난 대답은 아니지요. 부처님이 하신 대기설법과 다른 점이라면, 부처님은 질문하는 사람이 이해할 수 있게 설명하셨지만, 선불교는 중간 설명을 생략하고 바로 결론으로 가니까 이해가 잘 안 되는 것뿐이지요.

질문의 주제

그러면 대중이 묻는 질문의 주제는 어떤 것이어야 할까요? 그 주제에는 제한이 없습니다. 사람들은 자기의 조건과 처지에 따라 괴로워하는 문제가 다 달라요. 남이 볼 때는 별 문제 아닐 수도 있지만, 자신에게는 해결해야 할 가장 큰 일이기에 문제가 되는 겁니다. 언젠가 중고등학교 선생님들이 모여 청소년 상담소를 열었는데, 학생들이 전화해서는 성(性)에 대해 자꾸 물으니까 장난 전화를 건다고 화를 냅니다. 그런데 학생들에게 이 문제는 장난이 아닙니다. 선생님은 아이들이 인생에 대해 고민을 하는 게 바람직하고, 그런 고민이라면 학교 교육이 해결해 주지 못하고 있으니 뭐든지 도움을 줘야겠다고 생각하는데, 학생들은 인생에 대한 고민도 하겠지만 대부분은 자신의 신체적 변화나 성적 욕망 때문에 당황하고 괴로워 하지요. 그것이 학생들에게는 중요한 문제이기 때문에 고심하다가 묻게 되는 겁니다.

인간의 고뇌에는 좋고 나쁜 것이 없습니다. 불교에 대해 알고 싶다 해도 절하는 방법에 대해 알고 싶은 사람, 탱화에 대해, 또 교리에 대해 알고 싶은 사람이 있을 것이고, 불교의 사회적 실천이나 환경과 불교, 양자역학과 불교의 관계에 대해 알고 싶은 사람도 있어요.

또 연애하다 실패했거나 세상살이에 짜증이 나서 사는 게 괴로워 질문하는 사람도 있고, 뭔지는 모르지만 사는 게 슬퍼서 힘들어 하는 사람도 있습니다.

사람마다 고뇌가 다를 뿐이지, 고뇌에 좋고 나쁨이나 수준의 높고 낮음이 있는 게 아니지요. 이런 저런 일로 고민하는 것은 다 번뇌입니다. 그 번뇌를 소멸시키는 방향으로 나아가는 법이 바로 부처님의 가르침이고요.

대중이 주인으로 참여하는 장

그리고 현재 대부분의 설법은 법사가 법회의 분위기를 좌우하지요. 대중의 심리를 잘 파악해서 때로는 재미있게, 때로는 심각하게 만들어서 졸지 않게 해야 하고, 내용도 적당하게 있는 법회가 되도록 신경써야 합니다.

그런데 대기설법은 법사와 질문자가 같이 법회의 분위기를 만들어 가는 겁니다. 대중이 주인으로 참여하는 거지요. 무슨 질문이냐에 따라 법회의 주제가 달라지겠지요. 과학과 관련된 질문이면 과학 교실이 되었다가, 생활이 괴로운 이야기가 나오면 인생 상담 교실이 되기도 하고, 교리 문제로 가다 보면 철학 교실이 되기도 하고, 절의 운영에 대해 묻다 보면 회의 분위기로 가기도 하겠지요. 대중의 적극적인 참여 여부도 법회의 분위기를 많이 좌우합니다.

신뢰의 장

이 법회에서 법사의 대답은 질문자에 따라 다양한 형태를 띠게 되겠지요. 질문자가 열심히 장황하게 질문했는데, 법사가 아무 말도 안 할 수도 있고요. 그냥 웃을 수도 있습니다. 그래도 그것이 대답이라는 걸 받아들여야 합니다. 대답을 안 하는 것은, 질문자가 대답을 듣기보다는 자기 이야기를 하고 싶어 한다고 생각되는 경우일 수가 있는데 그 때는 그 사람의 이야기를 들어주기만 하면 되기 때문이지요. 특별히 대답할 필요가 없는 질문일 때도 있고, 질문 자체가 그런 것일 때도 있습니다.

반대로 법사가 공격적으로 되물을 수도 있어요. 그럴 때 질문자는 법사의 되묻는 질문도 하나의 대답으로 받아들여야 합니다. 이처럼 이 법회에서는 대답을 하든지 안 하든지, 대답이 어떤 방식을 취하든지 간에, 대중은 '그것도 하나의 대답이겠다' 하며 법사를 신뢰하는 마음이 있어야 합니다.

그리고 질문자는 자기가 원하는 대답을 듣겠다는 생각을 버리면 법회의 분위기를 좋게 이끄는 데 도움이 될 겁니다. 자기가 원하는 대답을 듣겠다고 한다면 굳이 질문할 필요가 없겠지요. 이미 알고 있다는 이야기니까요. 몰라서 물었으면 자기 구미에 맞는 답은 없을 것이라는 건 알고 있어야겠지요.

질문자와 청취자의 태도

그런데 질문자가 잘난 체하려는 경향이 크면 이 법회는 경직되기 쉬워요. 질문이 잘 안나옵니다. '질문을 잘해야 하는데,

저런 걸 질문이라고 하나. 질문하려면 적어도 이런 걸 해야지.' 하는 생각을 하거나, '이런 질문을 하면 사람들이 날 보고 뭐라 안 할까.' 하는 생각을 하거나, 칭찬받으려는 심리가 작용하면 질문이 잘 안되고, 문답을 하다가 논쟁으로 흐르기 쉽고, 또 질문하고 나서 '사람들 보는 앞에서 창피만 당했다. 괜히 했다.' 하고 후회하게 됩니다. 그러니까 그런 생각을 내려놓고 질문해야겠지요.

또, 이 법회를 만들어가면서 주의할 점은 이 자리에서 있었던 이야기는 이 자리에서 끝내야 한다는 것입니다. 남편 있는 여자가 애인이 생겨 그 때문에 괴로워서 질문했는데, 법회를 끝내고 나가면서 '야, 그 여자, 그럴 줄 몰랐다.'는 식으로 비난하거나, 법사가 대답으로 거친 표현을 했을 때 '중이 그런 욕을 할 수가!' 하고 마음에 담아 두어서는 안 된다는 것이지요. 질문은 어떤 것이든 자기 고민을 해결하기 위해 하는 것이고, 그런 번뇌는 옳다 그르다, 정당하다 비난받아야 한다고 따질 수 없기 때문이죠. 그리고 대답은 법사의 입장에서 가장 효과적인 것을 선택한 것입니다. 예를 들어, 큰 소리로 거친 표현을 쓴다면 그것이 그 상황에서 질문자에게 가장 효과적인 방법이라 판단해서 하는 것입니다. 그렇게 되면 그걸로 끝나야 합니다. 그렇지 않으면 남에게 보이기 위한 질문과 겉만 번드르르한 응답을 하는 분위기로 변해 구체적인 삶의 문제를 단도직입적으로 이야기할 수가 없게 되겠지요.

진행하다 보면 법회가 조금 난장판이 될 수도 있어요. 괴팍한 사람들이 와서 행패를 부릴 수도 있고, 여러 형태로 전개될 수 있습니다. 그 가운데 제일 잘못되는 경우는 여러분이 동참 안 하는 것인데, 우리는 그런 경우까지도 인정해야 합니다.

부처님이 열반에 드시기 직전에 이렇게 말씀하셨습니다.

"무엇이든 의심이 있으면 물어라. 내가 열반에 든 뒤에 '그때 물어볼 걸' 하고 후회해서는 안 된다. 편안하게 벗이 벗에게 하는 것처럼 물어라."

이 말씀을 세 번이나 하시니까 아난 존자가 "아무런 의심이 없습니다."라고 했지요. 그처럼 아무 질문이 없으면 조용히 그냥 있으면 되는 겁니다.

　그래서 법회가 5분 만에 끝날 수도 있고, 100분보다 더 길어질 수도 있습니다. 단, 질문이 자기 관심사에 대한 내용이니 귀담아 들을 것이기 때문에 많은 공부를 할 수 있을 것입니다.

차례

책을 펴내며 _14
서문 _16

1부 🌸 그 인간이 미워서 못 살겠어요 _28

- 독재자 같은 남편 _30
- 한눈팔기 좋아하는 남편이 미워요 _36
- 며느리가 아들을 의심하고 못 살게 굽니다 _40
- 자식 문제로 갈등이 많습니다 _44
- 부모님이 결혼을 반대합니다 _46
- 집착을 놓고 싶습니다 _54
- 폭력 아버지에 대한 공포가 아직도 _58
- 쉽게 상처받고 움츠러들어요 _66
- 직장에 미운 사람이 있어요 _70
- 혼자 지내는 게 좋은데 _74
- 남편이 불자 되게 하고 싶습니다 _78
- 주고도 괴롭고 받으면 부담스러워요 _82
- 자원봉사가 도리어 괴로움이 되었어요 _90

2부 　왜 인생이 내 맘대로 안 될까요? _94

- 아이들 때문에 이혼을 망설이고 있습니다 _96
- 내가 싫어집니다 _102
- 직장을 그만두고 싶은데 _106
- 왜 이렇게 마음이 허전할까요 _112
- 가족 중에 환자가 있어서 마음이 무겁습니다 _116
- 수험생 아이한테 좋은 엄마가 되려면 _122
- 명석해지고 싶어요 _128
- 평생 키운 회사를 처분하려니 _134

3부 　저도 깨달을 수 있을까요? _140

- 명심문을 가지고 기도한다는 것은 어떤 의미인가요? _142
- 수행은 현재에 깨어 있는 것 _150
- 소원을 빌면서 절하면 좋은 일이 생깁니까? _156
- 복 비는 것이 기도가 아니라면 _160
- 봉사하기는 싫고 법문만 듣고 싶어요 _164
- 하루아침에 깨달음을 얻을 수 있나 _170
- 계율을 지키려니 사회생활이 어려울 것 같아요 _176

법륜스님의 즉문즉설 卽問卽說

많은 분들이 저를 찾아와서 이런 저런 이유로 못 살겠다고 합니다. 그러면 저는 그만두라고 하지요. 그러면 "그만두면 어떻게 해요?" 하고 되묻습니다. 그러나 사실은 그만두어도 되고 그냥 하던 대로 살아도 됩니다. 아무 문제없어요. 그냥 사세요. 저도 한번 이야기해 볼까요.

"새벽 네 시에 일어나는 거 너무 너무 힘들어요. 날마다 백팔배하려면 다리 아파요. 참선하려면 다리 아파요. 염불하려면 목 아파요. 경전 공부하려면 머리 아파요. 고기도 못 먹죠, 술도 못 먹죠, 혼자 살려니 외로워요." 제가 이렇게 하소연하면 여러분은 이렇게 말하겠지요.

"스님, 그렇게 힘들면 하지 마세요." 그러면 저도 할 말 있지요.

1부

그 인간이 미워서 못 살겠어요

"어떻게 스님을 그만둘 수 있어요! 삼십 년이나 수행해 왔는데 지금 그만두면 다른 것 뭐 하겠어요? 또 다른 사람이 뭐라고 하겠어요?" 그러면 여러분은 이렇게 말하겠죠. "스님, 그냥 하세요."

지금 제가 여기 있는 것은, 이것저것 다 따져서 제가 최종적으로 선택해서 여기 온 것입니다. 어쩔 수 없어서 사는 것이 아닙니다. 이게 좋아서 이렇게 사는 겁니다. 자기 맘대로 안 되어서 괴롭다고 하는데 사실은 다 자기 마음대로 하면서 살고 있어요. 이것저것 다 가지려고 하는 욕심 때문에 괴로운 거지요.

독재자 같은 남편

저는 선 봐서 만난 신랑의 적극성에 끌려 결혼한 지 7년째입니다. 결혼한 날부터 남편은 모든 것이 자기 위주여서 상대를 배려하는 마음이 전혀 없고 말을 함부로 합니다. 예를 들면 임신했을 때 입덧이 유난하여 입원할 지경이었는데도 남편은 위로의 말 한 마디, 전화 한 통화 하지 않았습니다. 그래도 저는 제가 선택한 결혼이니 최선을 다하자며 세월의 약에 의지했습니다. 남편은 뭐든지 '너는 알 필요 없다. 네가 알아서 뭐 할래?' 하는 식입니다. 남편은 작은 일에 의견이 갈라져도 절대로 말을 먼저 하지 않고 인상만 쓰니, 항상 제가 애교를 떨며 먼저 말을 겁니다. 이번에도 그런 일로 말을 안 한 지 2주가 되었습니다. 이제는 버릇이 되어 버린 것 같습니다. 이번에는 남편이 먼저 말을 하도록 제가 꾹 참으려고 합니다. 남편을 보통 남편처럼 되게 할 수 있을까요?

보살님이 보기에 남편은 제 맘대로 하고 사는데 보살님은 보살님 맘대로 할 수가 없죠? 그런데 남편한테 얘기 들어 보면 남편도 제 맘대로 할 수 없다고 할 거예요. 제 맘대로 되면 아내한테 불평을 하지 않겠지요. 너는 몰라도 된다는 말은 무슨 뜻이겠어요? 몰라도 되는 일을 자꾸 꼬치꼬치 묻는다는 것입니다. 보살님이 볼 때는 알아야 할 일을 안 가르쳐주는 것 같지만, 남편이 볼 때는 몰라도 될 일을 자꾸 알려고 한다는 것이지요. 그러니까 피장파장이에요.

'왜 늦게 들어오나? 늦게 들어올 거면 전화라도 하지.' 아내 심정은 이렇지만, '어차피 늦게 들어갈 텐데 전화하면 뭐 하나? 전화비만 들지.' 남편은 이렇게 생각합니다. 이렇게 생각이 서로 다릅니다. 그러니 뭐든지 자기 생각대로 하고 싶으면 '안녕히 계십시오.' 하고 그만두면 됩니다. '안녕히 계십시오.' 할 수 없다는 것은 어떤 이유에서든 같이 사는 게 낫다는 거지요. 자녀 문제나 부모 문제, 아니면 경제적인 필요 때문이든, 성적인 필요 때문이든, 어쨌든 같이 살아야 할 이유가 있기 때문에 같이 사는 겁니다.

그런데 같이 살려면 맞춰야 해요. 맞춘다는 것은 내 것을 내려놓는 것입니다.

"묻지 마."

"알겠습니다."

"일찍 들어와."

"알겠습니다."

"불평하지 마."

"알겠습니다."

"잔소리하지 마."

"알겠습니다."

서로서로 이렇게 하면 아무 문제도 없어요. 그런데 이렇게 살라고 하면 당장

"그렇게 하고 왜 삽니까?"

하고 따집니다. 그러면 안 살면 돼요. 그런데 같이 살려면 그렇게 해야 한다는 거예요. 아내는 자기가 궁금해서 물었을 때 남편이 대답해 주기를 원하는데 안 해 주니까 짜증이 나지요. 그런데 남편 입장에서 보면, 묻지 않기를 원하는데 아내가 자꾸 묻는 거지요.

내 남편을 다른 남편처럼 만들겠다는 건 매우 위험한 발상이에요. 다른 남자는 다 좋아 보이고 내 남편만 문제가 있는 것 같죠? 그렇지 않아요. 집집마다 나름대로 다 불만이 있어요. 사람이 다 다른데, 내 남편이 다른 남자처럼

되면 좋겠다는 생각 자체가 잘못됐어요. 사람은 살아 있는 생물이지 TV가 아니고 자전거가 아니에요. 사람마다 다 반응이 다른데 다른 사람처럼 되라고 하는 말은 맞지 않습니다. 생각을 잘못하고 있어요.

질문하신 분이 행복해지는 길은 두 가지예요. 하나는 아무 조건 없이 원망도 하지 말고 미워하지도 말고 그냥 "안녕히 계세요. 감사했습니다." 하고 혼자 나와서 무슨 일이든 해서 먹고사는 겁니다. 일거리는 많습니다. 노인 돌볼 일도 있고, 일이 엄청나게 많아요. 여기서 주는 밥 먹고 노인 돌보면서 살아도 돼요. 그런데 지금 이 성질을 그대로 가지고 노인 도우러 가면,

"이 집에는 자식이 셋이나 있는데 왜 하나도 부모를 돌보지 않나요? 할아버지는 아직 거동할 수 있는데 왜 청소도 안 하고 살아요?"

이렇게 또 남의 인생에 간섭을 하게 됩니다. 그러니까 '안녕히 계십시오.' 할 때는 이제 다시는 남의 인생에 간섭하지 않겠다고 딱 결심을 해야 합니다. 저 산을 보면서는 꽃이 피든지 지든지 상관 안 하잖아요.

"벚꽃이 뭐 때문에 한꺼번에 피나, 천천히 피지. 꽃이 질 땐 왜 한꺼번에 팍 지나, 좀 천천히 지지." 이렇게 말하

지 않잖아요. 피는 것도 제 사정이고 지는 것도 제 사정이라고, 꽃이 피면 꽃을 보고, 꽃이 지면 그만인 것처럼 무심히 볼 수 있는 게 수행입니다. 그렇게 안 되는 게 우리 중생심이고, 그렇게 안 되는 게 현실이지만 목표를 세워 그런 방향으로 가야 한다는 걸 확실히 아셔야 합니다.

만약 같이 살려면 남편을 그냥 꽃이나 날씨처럼 생각하세요. 피는 것도 저 알아서 피고, 지는 것도 저 알아서 지고, 도무지 나하고 상관없이 피고 지잖아요. 다만 내가 맞추면 돼요. 꽃 피면 구경 가고, 날씨 추우면 옷 하나 더 입고 가고, 더우면 옷 하나 벗고 가고, 비 오면 우산 쓰고 간다고 생각하면 아무 문제가 없습니다.

선을 봤든 연애를 했든 누가 누구를 쫓아 다녔든 부모가 강요를 했든 그런 건 다 지나간 얘기예요. 그런 건 얘기할 필요가 없어요.

'이 모든 번뇌는 내가 일으킨 분별심이다.' 하고 내 공부로 삼으세요. '우리 남편은 부처님이다.' 라고 생각하세요. 부처님이라는 말은 '자기가 알아서 한다, 내가 간섭할 일이 아니다.' 라는 말이에요. 그렇게 해가면 남편을 미워하지 않게 되고 미워하는 마음을 내 어리석음 탓으로 돌려서 참회하게 되고 그러면 나중에 사랑받게 되죠. 지금 이

분의 사고방식과 행동과 말은 사랑받을 수 있는 태도가 아닙니다.

생각을 바꾸셔야 합니다. 그러면 운명이 바뀝니다. 기도를 하면서 생각을 바꾸면 업이 바뀝니다. 지금은 '우리가 전생에 무슨 악연이었나?' 하는 생각이 들겠지만, 기도를 하여 업을 바꾸면 나중에는 '전생부터 우리는 천생 연분이었나?' 하게 됩니다. 이렇게 사주팔자를 바꾸는 게 불법이라고 하는 거예요. 정해진 운명대로 사는 게 아니라 그 운명을 바꾸는 것, 개척하며 사는 게 수행입니다.

그러니 이렇게 한탄하지 말고 힘들어하지 말고 화창한 봄날처럼 기쁜 마음을 가지고 웃으면서 먼저 얘기하세요.

"잘 다녀오셨어요? 힘드시죠? 봄이 와서 꽃도 예쁘고 날씨도 좋네요."

"이 여자가 미쳤나?" 하면,

"예, 제가 미쳤습니다." 하세요.

"뭐 먹고 미쳤나?" 하면,

"스님 법문 듣고 미쳤습니다." 하고 얘기해요. 그러면 기가 막혀서라도 픽 웃을 겁니다. 그 픽 웃는 순간에 마음속에 있는 장벽이 다 없어져 버려요. 이렇게 분위기를 전환하면 2주간 입 다물었던 일은 흔적도 없이 사라집니다.

한눈팔기 좋아하는
남편이 미워요

제 남편은 제가 옆에 있어도 예쁜 여자다 싶으면 얼굴을 만지고 길 가다가도 따라가려 하고 쳐다봅니다. 내가 보고 있어도 저러는데 내가 안 볼 때는 오죽할까 싶어서 너무 밉고 속이 상합니다. 헤어지려고 해도 남편이 이혼은 절대로 안 하려고 합니다. 게다가 남편은 직장을 가도 2년을 채 못 다니고 나옵니다. 35년 중에서 15년 정도는 직장 안 다니고 집에 있었습니다.

아내가 안 볼 때는 안 그럴 거예요. 질투하는 걸 보는 재미가 있어야 그렇게 하거든요. 어린아이를 보세요. 엄마가 봐야 울지 안 볼 때는 안 울어요.

또 자기가 좋아하는 사람에게 눈길이 가는 것은 인간의 보편적 심리예요. 그러니까 이럴 때 '아, 우리 남편이 저 분을 저렇게 좋아하니 내가 차비라도 줘서 만나러 가게 도와주어야겠다.' 하고 생각을 하는 게 수행자지요. 누가 누구를 좋아하면 저걸 어떻게 도와줄까 해야지, 저걸 어떻게 하면 딱 깨 버릴까 하는 나쁜 마음을 내다니 이건 불자의 마음이 아니에요. 부부니까 당연하다 하지만, 그건 부부라는 이름으로 자신의 나쁜 마음을 합리화하는 것일 뿐이에요.

그리고 35년 중에 20년은 직장 다녔다는 얘기 아니에요? 20년이나 직장을 다닌 것은 아주 많이 다닌 거예요. 못 다닌 15년을 보지 말고 다닌 20년을 보셔야 해요. 지금 하나만 보고 다른 것은 안 보고 있는 거예요.

그런데 이 분이 얘기하는 대로 남편이 그렇다 하면 남편은 어릴 때 심리적으로 불안했을 수 있어요. 즉 사랑을 못 받았을 것입니다. 형제가 여럿이어서 충분히 사랑받지 못했거나, 어머니가 일찍 돌아가셨거나, 집안에 어떤 이유가 있어서 성장기에 사랑을 상실한 경험이 많을 수 있어요. 그래서 늘 어떤 사람을 좋아하게 될 때 쉽게 좋아하고 또 금방 그만둡니다.

이 여자, 저 여자 좋아한다는 얘기만 있지 살림 차렸다는 이야기는 없잖아요. 어떤 사람을 좋아했다 해도 그 사람에게 차일까 싶어서, 사랑을 잃을까 두려움이 있어서, 의심이 나기 때문에 먼저 그만둡니다. 그래서 한 사람을 꾸준히 좋아하는 게 아니고 자꾸 이 여자, 저 여자 관심이 옮겨가는 거예요. 지금 질문하신 분은 '차라리 한 사람만 좋아하는 건 이해가 되는데 왜 여러 여자를 건드리나?' 하는 생각이 들겠지만 막상 한 여자와 살림이라도 차리면 '연애를 하는 건 괜찮아도 어떻게 살림까지 차리나?' 또 이렇게 생각하게 되지요. 끝이 없습니다.

어쨌든 심리적 불안 때문에 어디에도 만족 못 하고 떠도는 거예요. 직장에 오래 못 있고 그만두고 또 그만둡니다. 이런 건 심리적 불안 때문입니다. 만약에 아이가 이런 불안 심리 상태인 줄 알면 아이가 커서 결혼하기 전에 엄마가 정진을 해야 합니다. 그래서 엄마가 어떤 상황에서라도 하늘이 무너져도 태평스러운 태도를 보여 줘야 합니다. 그렇게 해서 아이가 심리적으로 치유된 다음 결혼을 하면 이런 문제가 안 생기지요.

만약 이런 병을 가지고 결혼을 했다 하더라도 아내가 진실하게 사랑을 주면 괜찮아집니다. 즉 남편이 다른 여자를 좋아하든 집에 들어오든 안 들어오든 미워하거나 외면하지 않고, 바가지 긁지 않고, 그런 사정을 알아서 부모가 자식 쳐다보듯이 불쌍히 생각하고 어여쁘게 여겨서 도와주면, 그래서 내 아내는 반석처럼 흔들리지 않는다고 남편이 믿게 되면 저절로 고쳐집니다.

보살이 되면 이렇게 할 수 있는데 요즘 여성들이 이렇게까지 생각하기 어렵지요. 그러니까 제 성질대로 안 된다고 바가지를 긁고, 밀었다가 당겼다가 이러잖아요.

그런데 이 질문만 들어 봐도 남편은 심리적 불안 때문에, 일시적 충동에 의해서 왔다갔다한다는 걸 알 수 있어요. 남편은 왔다갔다할 뿐 아내를 버릴 생각은 안 하는데, 아내는 남편을 버릴 생각을 하잖아요. 이혼하려고 한다는 건 남편을 버린다는 것이지요. 이 질문을 하신 분의 남편에 대한 사랑이 오히려 남편보다 부족하다는 뜻이지요. 그렇기 때문에 남편의 불안감은 더 심한 거예요. 그러니 '내가 내 생각에 너무 빠졌구나, 남편의 아픔을 이해하지 못하고 오히려 불안을 부추겼구나.' 이렇게 참회 기도를 하면서 잘 감싸 주세요. 그리고 좋아하는 일이 있으면 뭐든지 할 수 있도록 도와주는 마음을 내 보세요. 그렇게 해서 남편이 어떻게 하든 내 마음에 크게 걸리지 않게 되면 남편의 불안정한 마음이 조금씩 수그러들기 시작합니다.

며느리가 아들을 의심하고 못 살게 굽니다

제 아들과 며느리는 결혼한 지 12년째로 남매를 두고 있습니다. 지금까지 잘 살더니만 8개월 전부터 며느리가 아들을 못살게 볶으면서 이혼도 하지 않고 있습니다. 며느리 이야기는 제 아들이 바람을 피웠다는 겁니다. 확실한 물증도 없는데 의부증인 것 같습니다. 이제는 친정 부모도 어쩔 수 없다고 하고 병원에도 가지 않으려 하니 답답하기만 합니다.

시어머니 말씀만 듣고는 알 수 없습니다. 며느리 이야기 들어 보면 상황이 또 다르고 아들 이야기 들어 보면 또 다르잖습니까. 거짓말한다는 것이 아니라 자기 눈에는 그렇게 보이고 자기 귀에는 그렇게 들린다는 것이지요. 그래서 이 문제를 풀려면 우선 며느리를 이해하는 게 필요합니다. 며느리 눈에는 세상이 어떻게 보이는가를 알아야 합니다. 그렇게 하려면 내 안경을 벗지 않고는 도저히 알려고 해도 알 수가 없지요. 그래서 아침마다 기도를 하면서 '아가야, 내가 네 마음을 몰라서 미안하다. 네가 시집와서 얼마나 힘이 들었겠니. 정말 힘들었지.' 하고 며느리 입장에서 세상을 보려 하고 조그만 일도 며느리 입장에서는 저렇게 보이겠다고 이해를 해야 합니다. 며느리가 뭐라고 하면 "또 쓸데없는 소리 한다. 너는 왜 그러냐?" 하지 말고 "아이고, 그래. 그렇게도 될 수 있겠다."라고 자꾸 이해해야 합니다.

그런데 기도를 하지 않으면 이렇게 하기 힘듭니다. 며느리가 세 번만 엉뚱한 소리를 하면 화가 나서 "너는 안 된다." 하고 마음에 벽을 쌓지요. 아침에 일어나시면 며느리 마음이 돼서 '얼마나 답답하냐? 많이 애썼다.' 이렇게 기도를 꾸준히 하면 며느리에게 미운 마음이 들다가도 '아이고, 아니지. 내가 며느리 입장에서 아침에 기도했잖아.' 하고 돌이키면 곧 통하게 됩니다. 며느리 눈에는 온갖 것이 그렇게 보이는 것입니다. 그것이 사실인지 아닌지가 중요한 게 아니에요.

둘이서 길을 가다가,

"저기 귀신 봐라."

"어디?"

"저기 있잖아."

"어디 있는데?"

"저기 있네. 저것도 안 보이니?"

"야, 너 헛것 봤다."

"아냐, 네가 못 본 거야."

이것은 끝이 안 나요. 이 사람 눈에는 실제로 보이는 거죠. 그러니까 다른 얘기 해 봐야 귀에 들리지 않습니다. 그게 헛것인지 아닌지는 중요하지 않습니다. 이 사람 눈에는 지금 보이나 보다 하고 생각해야 해요. 그러면 내 마음이 편합니다. 그래서 "그렇게 보이냐? 나는 잘 안 보이는데, 어떻게 생겼니?" 이렇게 물어 나가면 결국은 자기가 설명을 하다가 스스로 '어? 아닌가?' 이런 생각이 듭니다. 그런데 자꾸 아니라고 우기면 오기가 생겨서 자꾸 더 주장을 하게 되지요. 이렇게 남의 입장으로 볼 수 있는 것이 기도입니다.

내 의견을, 내 취향을, 내 생각을 고집하기 때문에 답답하고 화가 나고 괴롭고 슬픕니다.

자식 문제로
갈등이 많습니다

　　　　　자식들 문제로 갈등을 많이 겪고 있습니다. 결혼한 자식이 부부간에 서로 마음이 맞지 않아서 티격태격합니다. 제가 타이르면 아이들은 그냥 내버려 두라고 하는데 좀처럼 잘 지낼 기미가 안 보입니다. 평소 같았으면 큰소리도 나고 싸울 정도로 시끄러웠겠지만 제가 불법을 배우고 나서부터는 참고 또 참아 그냥 두고만 봅니다. 그런 것이 방관만 하고 있는 것 같아 불편해서 여쭤 봅니다. 좋은 해결책이 없을까요?

　　　내가 참회를 해야 합니다. 내가 엎드려서 참회하면서 내 결혼 생활을 돌아봐야 합니다. 자신이 뿌린 씨앗의 과보라는 것을 받아들이고 참회를 지극하게 해야 합니다. '아이들 잘 지내게 해주세요.' 라고 바라는 기도를 하지 말고, 지극하게 참회를 하셔야 합니다. 그렇게 하셔야 조금이라도 도움이 됩니다. 아들 내외가 싸우는 것을 보고도 마음이 불편하지 않습니다. '내가 남편하고 이렇게 싸웠구나. 그런 인연의 과보구나.' 하고 자신을 돌아보면서 '아, 우리 부부가 싸우면서 산 것의 씨앗이 아이들에게 심어졌구나.'라는 것을 확연히 알고 뉘우쳐야 합니다. 혹시 '우리는 별로 싸운 적이 없는데.' 이런 생각이 들면 자신의 마음을 살펴봐야 합니다. 겉으로 소리 내고 티격태격 싸우지 않았다 하더라도 늘 남편이 하는 일에 대해서 마음속으로 화를 낸다거나 불만을 가졌는지 돌아봐야 합니다. 성격이 소심해서 싸우지 않았지 마음속에서는 계속 싸웠다는 것을 알 수 있습니다. 그걸 뉘우쳐야지, 애들 보고 잘했느니 잘못했느니, 이랬느니 저랬느니 할 필요가 없습니다.

'콩 심은 데 콩 나고, 팥 심은 데 팥 난다더니 정말 인연 과보라는 것은 피할 수가 없구나. 내가 마음에 그러한 씨앗을 심었더니 결국 저렇게 싹이 트는 것이구나. 미안하다.'

이래야 좋아집니다. 간섭을 하면 안 됩니다. 그들은 다 싸울 만한 이유가 있습니다. 그런 데는 관여하지 않는 것이 좋습니다. 외면하라는 말이 아닙니다. 진심으로 참회하는 데에 해결책이 있습니다.

부모님이 결혼을 반대합니다

여러 해 동안 만나 온 남자가 있습니다. 남자 나이가 많다고 부모님이 반대하셔서 몰래 만나고 있습니다. 부모님께 말씀드리지 못한 것이 어찌 보면 내가 자신이 없어서 그런 것 같기도 하지만 지금은 부모님의 반대를 이길 수 있을 것 같습니다. 요즘은 어떻게든 시간이 좀 지나면 잘 될 거라는 믿음이 있습니다.

나이가 열 살 차이 나도 되고, 스무 살 차이 나도 되고, 서른 살 차이 나도 상관없습니다. 그러나 무엇보다도 나이 차이가 크면 나중에 나이 차이로 인해서 갈등이 생긴다는 걸 생각하셔야 합니다. 만약 여자가 서른이고 남자가 쉰이라면, 지금은 괜찮아요. 서른 살이고 쉰일 때는 큰 차이를 못 느껴요. 그런데 여자가 마흔이 되고 남자가 예순이 되면 문제가 생깁니다. 여자가 쉰이고 남자가 일흔 살이 되면 이제 문제가 많아집니다. 우선, 그걸 아셔야 해요 그런데 수행을 하면서 수행자로 생활한다면 아무 문제가 없습니다. 그러나 일반적인 생활 방식으로 살아갈 때는 여러 가지 갈등이 생길 것입니다.

다음으로, 어른들이 반대를 할 때는 이유 없이 괜히 반대하는 게 아니에요. 인생을 오래 살아 보고 난 경험에 근거해서 반대하는 경우가 있고, 관습적으로 반대하는 경우가 있습니다. 관습적으로 반대하는 경우는 세월이 흐르면 관습이 바뀌니까 괜찮은데 어른들의 오랜 인생 경험에 의해서 반대를 할 때는 귀담아 들을 필요가 있습니다.

또 지금은 부모님의 반대를 이길 수도 있을 것 같다고 했는데 이기면 안 됩니다. 자식이 부모를 이기면 어떡해요? 이건 내 생각을 관철시키겠다는 뜻 아닙니까? 반면에 내 맘대로 하겠다고 생각하면 부모님 승낙 받을 생각도 하지 말고, 부모님께 결혼식 비용을 지원받을 생각도 하지 말고, 결혼 후에 부모 도움을 얻을 생각도 하지 말아야 합니다. 나이 스무 살 넘어서, "부모님, 제 인생은 제가 살겠습니다. 성공하든 실패하든 제가 책임을 지겠습니다." 하고 말하면 부모가 당장은 기분 나빠 하겠지만, 한편 대견해 합니다. 그런데 자기 멋대로 결혼하면서 부모한테 승낙도 하고 돈도 내놔라 하는 건 잘못된 것입니다. 돈을 준 사람은 돈 준 대가로 권리를 가지려고 합니다. 돈을 준다고 해서 뭐든지 자기 마음대로 하는 것도 문제지만 돈 받는 사람도 돈 주는 사람에게 권리가 좀 있다는 걸 인정해야 해요. 근데 선택은 자기 마음대로 하고 부모한테 돈도 내놔라, 결혼식도 올려 달라, 승낙도 해라 하는 것은 옳지 않습니다. 내가 내 돈 내서 결혼식 치르고 내가 다 책임지고 해도, 부모 뜻을 존중해야 해요. 그런데 부모한테 다 얻어서 하려 하면서 부모의 뜻을 받아들이지 않는 것은 부모자식을 떠나서 인간으로서 도리가 아니라고 저는 생각합니다.

스무 살 넘으면 성인이죠? 성인은 인생에 대한 선택을 자기 마음대로 할 수가 있습니다. 다른 사람의 동의나 승낙을 얻을 필요가 없습니다. 그래도 예의로 부모의 동의를 얻어서 하면 더 좋고 부모하고 뜻이 안 맞으면 자기 마음대로 해도 됩니다. 대신 어떤 지원도 기대하지 말아야 합니다. 지원해 주는 것은 부모의 자유입니다. 거기에 대해서 털끝만큼이라도 섭섭한 생각을 갖는 것은 인간의 도리가 아닙니다. 그리고 부모의 승낙이 필요하고 부모의 재정적인 지원을 어느 정도 얻어야겠다고 생각하면, 돈 내는 사람의 의사를 존중해야 합니다. 부모자식을 떠나서도 이게 세상 이치예요.

이 질문을 하신 분은 부모님이 반대를 하셔도 자기 뜻대로 하고 싶다는 것인데, 하고 싶으면 해도 좋습니다. 그러나 부모님을 원망하거나 부모님께 기대서는 절대 안 됩니다. 그런데 이 사람은 부모님을 이기려고 해요. 부모한테 이겨서 뭐 하려고 그래요? 이기려고 하면 안돼요. 이기겠다는 생각도 하면 안 됩니다. 저도 출가할 때 부모님이 모두 반대했어요. 그래도 저는 이 길 왔잖아요? 다만 자기 뜻대로 하려면 다른 어떤 것도 기대해서는 안 됩니다. 그냥 머리 깎고 중 되듯이 집을 떠나 버리듯이 그렇게 나오든지, 그렇지 않으면 부모 의사를 존중해야 합니다. 사랑을 지키려니 불효가 되고 효도하려니 사랑을 잃는 그런 문제가 아니에요. 그건 공연한 핑계예요. 두 가지를 다 채우려고 하는 욕심이고 핑계지요. 그 사람이 좋으면 다른 기득권을 다 포기해야 해요. 사랑을 위해서 왕위도 포기하는데, 부모 유산 받고 부모 동의 받는 것 정도는 깨끗이 포기해야지요. 그러지 않고 부모 덕을 조금 보려면 부모의 의견을 존중해야 합니다. 그것이 인간의 도리예요.

여자들은 나이 많은 남자하고 있으면 젊은 또래와 같

이 있는 것보다 편합니다. 아무래도 나이든 사람은 '그래 그래' 하면서 다 수용해 주니 아주 편해요. 또 나이가 많으면 또래보다 경제적으로 안정되어 있지요. 그래서 나이 많은 사람을 좋아하는 경향이 있어요. 지금은 그런 장점이 있는 반면, 시간이 어느 정도 지나면 그 장점만큼 반드시 다음에 단점이 나타납니다. 그걸 아셔야 합니다. 이 세상에는 절대 공짜가 없어요. 인연과보가 반드시 따릅니다.

내가 가난한데 부자하고 결혼하면, 혹은 나보다 학벌이 월등하게 높고 경제력이 월등하게 높은 남자랑 결혼하면, 사실은 죽을 때까지 종살이를 각오해야 합니다. 그 돈 좀 얻어서 폼 잡고 좋은 곳에 사는 대신에 남편한테 기죽어서 살아야 해요. 그런데 아내가 돈 벌어서 남편한테 줘 가면서 살면, 남자가 돈도 못 번다고 불평하지만 가만히 보면 제 맘대로 큰소리치고 삽니다. 다 장단점이 있어요. 그러니까 어떤 사람하고 살든 다 괜찮아요. 그런데 각자 인생의 목표가 있죠. 어느 것을 얻고 어느 것을 포기할 거냐를 정해야 해요. '그래, 종살이 좀 하면 어때, 나는 잘 먹고 잘사는 게 좋다' 하면 그렇게 살고, '천금을 줘도 종살이는 싫다, 내가 대장 하고 싶다.' 할 때는 선택을 달리 해야지요. 그럴 땐 예를 들어 자기보다 다섯 살이나 열 살 어린 남자와 결혼해야 합니다. 동생처럼 달래가며 돈도 내가 내고 큰소리 치고 살 수 있죠. 하지만 큰소리친 대가로 나중에 늙으면 고생은 좀 합니다.

큰소리치면 늘 고생하게 돼 있어요. 남자가 권위적이어서 잘난 맛에 아내한테 큰소리치고 살면 늙어서 반드시 고생합니다. 왜 그럴까요? 여자들은 나이가 육십이 되어도 설거지도 하고 아기도 보고 방도 닦고 이렇게 할 일이 있습니다. 그렇기 때문에 어디든지 가서 살 수가 있어요. 그런데 남자는 회사 다니면서 돈 벌어 온다고 늘 큰소리치고, 밥도 해 주는 것 먹고, 청소도 남이 다 해 주고, 옷도 빨아 주는 것 입으며 살았는데 은퇴하고 나면 돈이 없잖아요. 돈도 못 벌면서 목에 힘주면 부인도 싫어합니다. 부인이 돌아가고 남자 혼자 남으면 자식에게도 괄시 받습니다. 돈이 아주 많아서 돈으로 세상을 부리지 않는 이상 모두 싫어합니다. 왜냐하면 시어머니는 칠십이 되어도 집에 있으면 손자도 보고 방 청소도 하고 설거지도 하고 집도 지키는데, 시아버지는 칠십, 팔십 돼서 혼자 있으면 며느리가 밥해서 갖다 줘야지 방청소도 해 줘야지 이불도 개 줘야지 누가 좋아하겠어요? 아무도 안 모시려고 하지요.

남자가 여자보다 수명이 한 10년 가까이 짧죠? 이게

육신에서 오는 것이 아니라 권위주의 후에 오는 좌절감 때문입니다. 직장에서 은퇴하면 남자는 급격하게 늙어갑니다. 자기 존재가 쓸모가 없어지거든요. 빗자루를 쓰다가 더 이상 쓰지 못하면 빗자루 명이 다했다고 하잖아요. 이렇게 쓸모가 끝난 게 죽음이에요. 남자들은 쓸모가 없어져 버리기 때문에 명이 아주 급속도로 짧아져 버려요. 반면 농촌에서 농사짓는 할아버지는 오래 살지요. 그리고 자영업을 하는 사람이 오래 살아요. 팔십, 구십이 되어도 일거리가 있기 때문에 그렇습니다. 쓸모가 있으면 생명이 유지되고 쓸모가 없으면 죽는 게 자연의 원리예요.

여기 남자 신도들도 있는데, 지금부터 설거지하고 방 청소하는 연습을 하셔야 해요. 그런 점에서 정토회에 오면 참 좋아요. 자기가 회사에서 사장을 해도 여기 오면 방 청소하고 밥그릇 닦아 먹고 하잖아요. 그래서 사장 하다가도 퇴직하면 수위도 할 수 있고, 또 오백만 원 받고 일하던 사람이 퇴직해서 삼십만 원 받고 일할 줄도 알고……. 이렇게 아무런 상이 없어야 합니다. 안 그러면 늙어서 고생합니다. 그래서 남자들 명이 그렇게 짧은 거예요. 수명이 육체에서만 결정되는 것이 아닙니다.

이 질문을 하신 분은 결혼하실 때 두 가지를 생각해서

야 합니다. 부부의 나이 차이에 대한 생각은 문화적이고 관습적인 것이지만, 오랜 세월 동안 나이가 비슷하거나 연령 차이가 적은 사람들이 결혼한 것에는 그럴 만한 이유가 있습니다. 그러므로 나이 차이가 많이 날 때는 그만큼 단점이 있다는 것을 알고 결혼해야 합니다. 둘째, 부모 허락을 받지 않고 해도 괜찮습니다. 그러나 기대는 끊으셔야 합니다. 그리고 부모가 욕해도 '죄송합니다.' 해야지, '뭐 하나 도와주지도 않으면서 욕을 왜 해요.' 하고 대드는 마음을 먹으면 안 됩니다. 그리고 부모의 지원을 조금 받으려 하거나 부모의 승낙이나 축복을 받으려면 부모의 의사를 존중해야 합니다. 막연히 '시간이 지나면 부모가 승낙해 주겠지. 그래서 내가 이길 거야.' 하는 태도가 있는 것으로 보이는데 그건 어리석은 생각이에요. 부모를 이겨서는 안 됩니다. 부모님께 마음을 숙여야 합니다.

집착을 놓고
싶습니다

남편에 대한 집착을 놓고 싶습니다. 이 집착 때문에 힘든데 어떻게 해야 놓아질까요? 겁나는 것은 내가 이 집착을 놓게 되면 대신 아이들한테 집착이 가지 않을까 하는 점입니다.

중생이 갖는 특징이 집착입니다. 집착은 의지심에서 오지요. 집착이 강한 것은 의지심이 강하기 때문입니다. 집착은 사랑이 아닙니다. 그런데 사람들은 그것을 사랑이라고 착각하고 살아가기 때문에 괴롭고 힘듭니다. 수행은 이런 의지심을 버리는 것입니다.

남편에 대한 집착을 놓으려면 인생관이 바뀌어야 합니다. 남편이 돈을 얼마나 벌어오느냐, 나를 얼마나 사랑해주느냐, 집에 언제 들어오느냐 등 남편의 일거수일투족이

나의 희로애락을 좌우하는 데서 벗어나야 합니다. 남편을 하나의 독립적인 사람으로 인정하면 그 집착이 자식으로 옮아가지는 않습니다. 그런데 집착은 그냥 놔두고 남편한테 실망해서 남편을 외면하면 집착하는 마음이 증폭되어 자식에게로 가게 됩니다. 그렇기 때문에 나중에는 자식에게 큰 짐이 되고 부모자식 사이에 갈등의 원인이 됩니다. 그래서 수행정진을 해서 의지심을 버리는 공부를 하셔야 합니다.

남편에 대한 관심이라는 이름으로 '일찍 들어오느냐 늦게 들어오느냐, 술을 마셨느냐 안 마셨느냐, 건강하냐 안 하냐, 돈을 많이 벌어오느냐 적게 벌어오느냐, 나를 사랑한단 말을 해 주느냐 안 해 주느냐.' 라며 지나치게 남편에게 집착해서 요구하면 자기 삶이 늘 힘들지요. 그렇다고 남편이 돈을 많이 벌어오거나 일찍 들어오는 것을 싫어하라는 게 아닙니다. 일찍 들어오면 좋지요. 사랑해 주면 좋고 맛있는 걸 사 주면 좋습니다. 그런데 거기에 집착하면 안 된다는 겁니다. 그런 형식적인 잣대에만 매달리게 되면 자기 인생도 불행하고 남편에게는 지나친 간섭을 하게 되어 피곤하게 됩니다. 결국은 서로가 불행하게 됩니다.

외로울 때 남자친구나 여자친구, 남편 혹은 아내가 있

으면 서로 의지처가 되어 좋습니다. 그런데 그 관계에만 너무 의지하면서 살면 오히려 서로가 상대방에게 무거운 짐이 되어 버립니다. 서로에게 도움이 되지 못하고 '결혼'이 오히려 속박으로 느껴지는 겁니다. 남편은 아내가 자기를 속박하는 것 같고 아내는 남편이 자기를 속박하는 것 같아지지요. 외출을 하거나 취미생활을 하거나 종교에 대해 관심을 갖거나 자기가 뭘 하고 싶은 것에 대해서 아내는 늘 남편의 눈치를 보고 남편도 아내의 눈치를 봅니다. 그러다 보니 결혼 생활에 대해서 회의적이 됩니다.

다시 말하면, 결혼 생활 자체가 해탈에 장애가 되는 게 아니고, 직장생활 자체가 해탈에 장애가 되는 게 아니고, 사회생활 자체가 해탈에 장애가 되는 게 아니라, 집착이 해탈의 장애입니다. 결혼했기 때문에 직장에 다니기 때문에 속박을 받는 게 아니고, 집착하고 있기 때문에 의지하고 있기 때문에 속박을 받는 겁니다. 그러므로 의지심을 버리고 집착을 놓아 버리면 결혼 생활, 직장생활 등 사회생활을 하면서도 괴로움 없이 자유롭게 살 수 있습니다. 그렇게 되어야 언제 어디에서라도 걸림 없는 사람인 수행자가 되는 것입니다.

우리는 우리가 지은 인연의 과보를 받는데, 그 지은 인연을
알지 못하기 때문에 과보를 받으면 늘 억울해 합니다.

폭력 아버지에 대한
공포가 아직도

며칠 전 새벽 기도를 하려고 하는데 무서움이 밀려와 삼배를 하지 못하고 방을 나와 버렸습니다. 숨을 쉴 수 없을 정도로 가슴이 아프고 갑갑하고 눈물이 났어요. 갑자기 어머니 생각이 나고 아버지께 맞아 죽을 것만 같았습니다. 그 후론 새벽에 기도하는 것이 두렵습니다. 참고로 말씀드리면 어릴 적 어머니는 아버지께 폭력을 당하여 죽는다고 소리지르며 아버지께 대들곤 했습니다. 아버지라는 단어만 생각하면 가슴이 두근거리고, 아버지의 목소리만 들어도 고함을 치고 싸우는 것만 같습니다. 그 마음이 지금도 남아 있는 것 같습니다. 어떤 마음으로 기도를 해야 할까요?

어려운 말씀을 잘해주셨어요. 먼저 편안한 상태로 자

기 이야기를 충분하게 내어 놓을 수 있으면 좋겠습니다. 그래서 가슴 속에 맺힌 상, 상처받은 기억을 지우는 게 필요합니다.

우리는 어떤 사물을 접할 때 눈으로 보고 귀로 듣고 코로 냄새 맡고 혀로 맛보고 또 신체로 접촉을 하면서 상(相)을 가지게 됩니다. 이 상 중에서 아주 어릴 때의 상은 한번 찍히면 잘 지워지지 않고 오래도록 남습니다. 특히 이렇게 아주 어릴 때에 부모가 심하게 싸워서 아버지의 무서운 모습이 상으로 잡히면 뇌리에 깊이 새겨지게 됩니다.

잠을 자면 꿈을 꾸는데 꿈이라는 것은 과거의 상이 작용하는 것입니다. 비디오를 틀어서 보듯이 과거의 상이 지금 재현되어 다가오는 것이지요. 명상을 하거나 눈을 감고 기도를 할 때에도 잠자는 상태처럼 그 상이 재현되기도 합니다. 마치 그것이 지금 일어나는 일처럼 느껴지게 됩니다. 과거의 기억이 현재처럼 선명하게 나타나는 것이지요.

제가 아는 사람 중에는 아주 어릴 때 우물가에서 놀다 우물에 빠져서 거의 죽다가 살아난 경우가 있었어요. 그런데 자라면서 본인은 그 사건 자체는 잊어 버렸어요. 그렇지만 물가에 가기 싫어하고 수영도 안 하려고 하는 태도를 보였어요. 그래서 사람들이 "아니, 쟤는 전생에 염소였나?" 이런 얘기를 했어요. 왜 물이 싫은지 본인도 모르지만 사실은 그 사건이 자신의 뇌리에 뚜렷이 박혀 있기 때문에 무의식적으로 물만 보면 두려움이 생기는 것입니다. 또 나무에서 떨어졌거나 높은 데서 떨어져서 큰 충격을 받은 적이 있으면, 나중에 높은 데만 가면 다리가 후들후들 떨리고 두려움이 생기기도 합니다.

이렇게 자신의 모든 경험이 자기 뇌리 속에 살아 있어서 그것이 마음속에서 재현됩니다. 재현될 때는 마치 지금 일어나는 일같이 느껴지기도 합니다. 예를 들어 여성에게 성폭행이나 성추행은 큰 충격이지요. 이런 것이 뇌리에 남아 자꾸 재현되기 때문에 괴로워하는 사람이 많습니다. 그 때문에 이유 없이 남편을 거부하고 싫어해서 결혼 생활이 어려워지기도 합니다. 남자들을 두려워한다든지, 사람 얼굴을 똑바로 쳐다보지 못한다든지, 자꾸 그 상에 사로잡히기 쉽습니다. 또 눈을 감거나 어둡거나 잠을 잘 때는 그 상이 계속 떠오르게 되지요.

이 세상에서 일어나는 일은 객관적으로 큰일, 작은 일이 없어요. 자신에게 크게 충격이 오면 큰일이고, 충격이 작게 오면 작은 일이죠. 그래서 가까이에 있는 사람이 아프거나 죽으면 큰일이지만 저 멀리 지구 저편에서 몇 십만 명이 죽었다 해도 나한테는 큰 충격이 아니지요.

지금 질문하신 분이 참으로 괴롭고 힘들 것이라 짐작됩니다. 그런데 비디오에 찍힌 영상은 열 번이고 스무 번이고 되돌려 볼 수 있지만 또 그것을 지우려면 지워 버릴 수 있는 것처럼, 이렇게 쌓인 영상들을 수행을 통해서 지워 버릴 수 있습니다. 다만 충격을 받을 때만큼 무의식의 세계에까지 영향을 줄 수 있어야 지워지지요. 수행의 깊이가 깊은 무의식의 세계에까지 들어가야 지울 수 있다는 말입니다. 그러니 참회를 하더라도 아주 깊이 참회해야 합니다. '아이고, 내가 잘못했구나.' 하면서도 속으로는 '뭐, 그럴 수도 있지.' 하는 수준에서는 그것이 지워지지 않습니다.

명상 수련을 하다 보면 자기의 내면세계로 깊이 들어갑니다. 그러므로 명상을 하다가 갑자기 울고 소리 지르면서 광분하기도 하고 갑자기 떨거나 무서워지거나 몸이 공중에 뜨거나 하는 여러 현상이 나타나기도 하지만 그런 것은 특별한 것이 아닙니다. 마음속에 쌓여 있던 것들이 분출되는 것에 불과하지요.

이 질문을 하신 분은 아버지에 대한 두려움, 미움이 아주 깊이 맺혀 있습니다. 일차적으로 이것을 풀려면 아버지가 나한테 와서 과거의 잘못에 대해 용서를 빌거나 그렇지 않으면 내가 성질껏 아버지한테 분풀이하는 방법이 있습니다. 이렇게 하면 어느 정도는 도움이 되겠지만 이것이 현실적으로 가능한 일도 아니고 가능하다 해도 무의식 속에 쌓인 것들이 말끔히 지워지는 것은 아닙니다. 근본적으로 그 영상이 지워지려면 아버지에게 깊이 참회해야 합니다. '아버지가 나한테 참회해야지, 내가 왜 아버지한테 참회하나?' 이렇게 생각할 수도 있지요.

그러나 잘 생각해 보세요. 아버지의 그런 행위가 나에게 깊이 상처를 주었다고 하지만 사실은 그것은 나의 문제입니다. 아버지의 행위에 대해서 이 세상 수많은 사람 중에 하필 왜 내가 상처를 받았을까요? 지금 내 상처입니다. 그러므로 그건 나의 문제입니다.

아버지의 그 시절, 그 나이, 그 생활 형편으로 돌아가서 내가 아버지가 한번 되어 보세요. 사업은 안 되지, 빌려준 돈은 떼였지, 세상 온갖 것들이 다 자기 뜻대로 안 되어 화가 나는데 아내까지 그런 자기를 얕잡아보는 것 같단 말입니다. 이런 상황에서 아버지는 아버지 나름대로 저항하는 것입니다. 그래서 밖에서는 말도 못 하면서 집에 와서는 아내를 때리거나 욕을 하고 고함을 지르는 모습으로 나타나는 것이지요. 이런 아버지의 입장을 살펴볼 수 있으면

'아, 그 때 아버지가 참 힘들었겠구나.' 하고 이해할 수 있습니다.

'아버지, 죄송합니다. 어린 마음에 내 생각에 빠져서 아버지의 답답한 그 아픔을 제가 이해하지 못했습니다. 죄송합니다.'

이렇게 깊이 참회하면 이 영상이 사라집니다. 이것은 내 기억 속에 있는 것이거든요. 밖의 아버지가 아니라 내 속의 아버지가 이런 영상으로 남아 있는 것이지요. 그래서 이 나쁜 기억의 영상을 지우려면 내가 아버지에게 참회를 해야 한다는 것입니다.

내가 그런 아버지를 이해하고 그런 아버지의 아픔을 함께하고 그것마저도 사랑할 수 있게 되면, 내 속에 있는 이 영상이 점점 희미해지고 결국에는 지워집니다. 그렇게 해야 나의 정신도 건강해집니다. 그러니 우선 내가 스스로 깊이 참회를 해서 내 마음속에 있는 미움이나 저항감을 없애야 합니다.

그런데 기도를 할 때는 조금 풀어지는 듯 하다가도 실제로 아버지에게 가서 얘기를 나누면 과거의 두려움과 공포가 또 작동하기 쉽습니다. 그렇더라도 아버지께 저녁도 대접하고 술도 대접하고 가까이 가서 대화도 나누고 옛날

이야기도 나누어 봐야 합니다. 제가 어려서 아버님의 어려움을 이해하지 못했다고 아버지를 위로도 하면서, 참으로 이해하는 마음으로 이야기를 나눠야 합니다. 이렇게 해서 내가 정말 아버지를 이해할 수 있게 되면 내 마음속의 무서운 영상들은 사라지게 됩니다.

이런 미움과 증오의 감정이 내 속에 쌓여 있으면 내가 그것을 싫어하면서도 나중에는 나도 모르게 그 싫어하는 모습과 똑같이 행동하게 됩니다. 아버지가 술주정꾼이면 아들이 그런 아버지를 싫어하여 술을 마시지 않겠다고 하지만, 그 아들이 결혼하면 똑같은 일이 반복되기가 쉽습니다. 콩을 심으면 콩이 나지 팥이 나지 않는 것과 같은 원리지요. 그래서 닮아 가는 것입니다. 닮지 않으려면 그것이 씨앗이 되어 있으니까 이 씨앗을 제거하자는 것입니다. 생물로 말하면 유전인자를 바꾸는 것이지요. 유전인자와 같은 것이 바로 '업식'입니다. '업장을 소멸한다' 하는 것은 이것을 고치는 것입니다. 자기 운명을, 인생을 바꾸는 것입니다. 그러나 잘 바꿔지지 않습니다. 그래서 더욱 깊은 정진을 하고 더욱 깊이 참회를 해야 합니다. 그렇지 않으면 욕하고 싫어하면서도 자신도 모르게 똑같은 행동을 하게 됩니다. 이생에서 이런 내 업식을 소멸시키는 것은 자식에게는 이런 업이 이어지지 않도록 그 흐름을 끝내는 것과 다름이 없습니다.

그러므로 정진하는 방향을 제대로 잡아야 합니다. 이것을 내버려두고서 참선한다고, 염불한다고, 기도한다고 해도 해결되지 않습니다. 그러니까 기도는 아버지에게 깊이 참회하는 기도를 해야 합니다. 그리고 그것을 혼자 하기 어려우면 우선 자기한테 맺힌 것을 자꾸 상담자에게 드러내어야 합니다. 이러한 것은 누구나 인생을 살 때 경험할 수 있는 것입니다. 자신에게는 큰 충격이지만 사실 인생사를 보면, 일상적으로 일어날 수 있는 하나의 현상일 뿐이지요.

이렇게 지금 드러내어 질문한 것 자체가 어느 정도 마음공부를 했기 때문에 가능한 것이지요. 사실은 꺼내기도 어렵잖아요. 드러내어 질문하면 담담하게 자신을 지켜볼 수도 있게 됩니다. 더 나아가서 상처를 치유하려면 아버지를 깊이 이해해야 합니다. 아버지를 이해하게 되면 내 상처도 아물게 됩니다.

쉽게 상처받고
움츠러들어요

저는 주위 사람의 사소한 말에도 상처 입고 그 사람이 말하지 않은 것도 느낌으로 짐작해서 괜히 움츠러듭니다. 자신이 없어서 그럴까요? 어떻게 하면 주위 사람들과 편하게 지낼 수 있는지요?

내가 지금 안경을 끼고 흰 색깔의 천장을 본다고 합시다. 내 안경에 빨간 색이 들어있으면 이 천장 색깔이 어떻게 보일까요? 빨갛게 보이겠지요? 그런데 내가 만약 날 때부터 빨간색 안경을 끼고 있어서 안경을 한 번도 안 벗어봤다면, 내 안경이 빨개서 저 천장이 빨갛게 보이는지 천장이 빨개서 내가 빨갛게 인식하는지 구분할 수 없을 겁니다. '저 천장이 빨갛기 때문에 내가 빨갛게 안다'고 생각할 수밖에 없어요. 이때의 이 안경 색깔과 같은 것을 업식이라고 합니다. 사람들은 각자 조금씩 다른 자기 업식을 가지고 있어요.

바깥 사물에 문제가 있는 게 아니라 업식이 서로 다름으로 인해서 각자의 인식이 달라지는 거예요. 그런데 우리는 상대가 문제라서 그렇다고 착각하고 있어요. 거꾸로 알고 있는 거죠. '내 안경 색깔 때문에 저 벽이 빨갛게 보인다'는 것이 바로 아는 것인데, '저 벽이 빨갛다'고 알고 있어요. 그러면 둘이 만나서 한 사람은 빨갛다 하고 한 사람은 파랗다 하면 밤새도록 얘기해도 서로 이해가 안돼요. '왜 빨간 걸 저 사람은 파랗다 할까? 눈이 잘못됐나?' 상대방도 또 그렇게 생각해요. 그러니까 둘이 만나서는 "나는 너한테 그런 말 안 했어." "네가 그랬잖아." "나는 그런 뜻으로 말한 게 아니야." "네가 얘기할 때 나는 그렇게 들었단 말이야." 아무리 이야기해도 끝이 안 나지요.

이런 건 각자의 느낌이 다르기 때문이라는 걸 알면 됩니다. 그런데 자기가 그렇게 느꼈다고 생각을 하지 않고 '그가 그렇게 말했다'고 합니다.

그럴 때는 '아! 그의 눈에는 그렇게 보이는구나.' 하고 받아들이면 됩니다.

'내 눈에는 파랗게 보이지만, 저 사람 눈에는 빨갛게 보이나 보다.'

나는 그렇게 말을 안 했더라도 상대가 그렇게 들었다고 하면, '아, 너에게는 그렇게 들렸구나.' 이렇게 이해하면 돼요. 나는 그렇게 느꼈지만 상대가 그런 뜻이 아니었다고 하면, 바로 그렇게 받아들이면 됩니다.

사람들이 "너 과민 반응하는 거야." 하면 '내가 과민 반응했구나.' 하고 그냥 받아들이면 됩니다. 상대가 "나는 그런 뜻으로 말한 게 아니야." 라고 하면 그냥 받아들이세요. "나는 네가 나한테 욕하는 것 같더라." 하고 느낀 대로 말해요. 상대가 "난 욕한 게 아니야." 하면 '어, 안 했구나. 그런데 내가 그렇게 느꼈구나.' 하고 받아들이면 됩니다. 이렇게 자꾸 받아들이면 고쳐집니다. 계속 "아니야, 네가 아까 그렇게 말했으면서 왜 자꾸 변명해." 하고 자신의 생각을 고집하면 갈등은 영원히 해소되기 어렵습니다.

습기 차서 곰팡이 핀 옷을 말리듯이 드러내어 말해 보세요.

직장에
미운 사람이 있어요

직장에 한없이 미운 사람이 있습니다. 나름대로 노력을 해 봤는데 미운 마음이 없어지지 않습니다. 불편해서 솔직히 드러내 보기도 했는데 도리어 마음만 힘듭니다. 함께 일하는 것도 불편해서 어떻게 해야 할지 난감합니다.

미움이라는 것은 자기 생각이 옳다 하는 데서 생깁니다. 내 생각대로 되지 않으니까 상대를 미워하는 것이지요. 그런데 사람의 생각은 서로 다릅니다. 수행자라면 상대의 생각과 행동을 이해해야 합니다.

'저럴 수도 있겠다, 저 사람은 저렇게 하는구나.' 이렇게 이해하면 마음속에 미움이 생기지 않습니다. 마음속에 미움이 생긴다는 것은 이미 내 생각에 사로잡혀서 상대의 입장이나 관점을 이해하지 않는다는 것입니다. 내 생각에 사로잡혀서 '어떻게 저럴 수가 있나? 어떻게 저런 말을, 어떻게 저런 행동을 할 수 있나?' 하고 생각하면 상대에 대한 미움이 생깁니다. 그러므로 그런 미움이 생겼다는 것 자체는 이미 내가 내 생각에 사로잡혔다는 것입니다.

내 생각에 사로잡힌 상태에서 내 기분대로 미워하고 원망하고 욕하는 것은 범부 중생입니다. 그러면 상대도 욕하고 미워하고 원망을 하겠죠. 그래서 싸우게 됩니다. 이런 경우에 분노를 터뜨리지 않고 참는 사람도 있습니다. 참으면 미움이 확대되지는 않습니다. 그런데 그렇다고 해결이 되느냐? 그건 아닙니다. 이미 일어난 미운 감정을 바깥으로 드러내느냐, 억누르느냐 하는 차이가 있을 뿐이지요. 미움이 일어났다는 것은 수행이 아닙니다. 일어났다는 것은 내 관점에 사로잡힌 거예요.

그러면 어디서부터 수행이라고 할 수 있을까요? 용서해 주는 것일까요? 세속에서 볼 때는 용서해 주는 게 훌륭한 인격입니다. 참는 것은 훌륭한 인격이죠. 그러나 거기에 수행이라는 말을 붙이면 안돼요.

그러니까 질문하신 분은 수행을 하는 게 아니고 참다가 터뜨렸다가, 참다가 터뜨렸다가 세속적인 반응을 하는 거예요. 터뜨릴 때는 성질이 나쁘다는 비난을 받을 것이고, 참을 때는 사람이 착하다는 소리를 듣겠죠. 그러나 이것은 수행이 아닙니다. 이것은 자기 생각에 사로잡힌 상태, 즉 꿈속에 있는 것이에요.

그 사로잡힌 상태를 사로잡힌 줄 알고 놓아 버릴 때부터를 '수행'이라 합니다. 그러니까 '용서하느냐, 참느냐' 하는 것을 수행의 과제로 삼으면 안돼요. 참는 것을 과제로 삼는 한 수행을 하는 것이 아니라 세속의 길에 있는 것이에요.

상대를 이해하는 것에서 수행이 시작된다는 말이 상대가 옳다는 뜻은 아닙니다. 그 사람의 관점에서는 그렇게 볼 수도 있다는 것이죠. 내 것을 고집하지 말라는 이야기지 내 생각이 틀렸다는 것이 아닙니다.

이렇게 관점을 잡아서 공부해야 해탈의 의미를 이해하고 경험하게 됩니다. 그렇지 않으면 참다가 터졌다가, 참다가 터졌다가 하면서 한 생을 사는 거예요.

참는 공부보다 놓아 버리는 공부를 해야 합니다. 놓아지지 않을 때 일시적으로 참는 공부를 하는 거지, 참는 게 공부의 목적이 되면 안 됩니다.

미워함이 없는 공부를 해야 합니다. 미워함이 없는 것

은 서로 생각이 다르다는 것을 이해하고 인정하는 것입니다. 그런데 우리는 그게 잘 안됩니다. 탁 부딪칠 때 나도 모르게 생각이 내 중심으로 되기 때문에 '왜 저렇게 하는 거야?' 하며 미워합니다. 그럴 때 '내 생각에 사로잡혔구나.' 하고 탁 돌이키면 내 마음속에 있는 답답함이 없어집니다. 또 '아, 그럴 수도 있겠다.' 하고 이해하면 내 마음속에 있는 답답함도 없어지고 참을 것도 없어집니다. 이렇게 놓는 공부를 해야 합니다. 물론 잘 안 됩니다. 잘 안 되는 게 당연합니다. 그러니까 더욱 열심히 공부를 해 나가야 합니다. 그렇게 될 때까지 쉼 없이 하는 것이 정진입니다.

혼자 지내는 게 좋은데

저는 어릴 때부터 혼자서 지내는 것을 좋아했습니다. 고등학교 때도 공부한다고 친구들과 별로 말도 하지 않고 책만 봐서 혼자 지내는 데 익숙해졌습니다. 세상을 외면하고 살아서인지 친구들과 이야기할 때 즐겁지도 않고 공감도 안 돼 할 말이 없을 때도 있습니다. 그리고 평소에도 사람들과 대화로 문제를 해결하는 데 어려움을 겪습니다. 어떻게 하면 좋을까요?

혼자 있어도 괜찮습니다. 큰 문제 없습니다. 일부러 사람들을 사귀려고 할 필요 없습니다. 정치할 겁니까? 정치하려면 사람 사귀는 걸 배워야 합니다. 자기가 조용한 것을 좋아하면서 다른 사람이 친구를 잘 사귀는 것을 부러워하는 것은 욕심입니다. 그런 욕심은 내지 말아야 합니다.

욕심만 안 내면 아무 문제가 없습니다. 자기 식대로 살면 됩니다.

그런데 직업상 필요해서 사람들과 대화를 좀 해야 하겠다는 생각이 들면 자기를 고쳐야 합니다. 그런 게 귀찮다면 그런 직업을 선택하지도 말고 그런 사람을 부러워하지도 말아야 합니다. 생긴 대로 산다고 생각하면 됩니다. 그러니까 업대로 살고 싶거든 혼자 살면 되고, 결혼하고 싶거나 남하고 같이 살려면 서로 맞추며 살아야 합니다. 맞춘다는 것은 자기를 고치는 것입니다. 같이 살려면 좀 고쳐야 합니다. 고치기 싫으면 혼자 살아야 합니다. 그런데 범부중생은 고치기는 싫고 혼자 살기도 싫어합니다. 이것이 괴로움의 원인입니다. 예를 들어 결혼했으면 남편이나 아내에게 맞추십시오. 둘이 똑같지 않기 때문에 같이 산다는 것은 맞추는 것입니다. 도저히 못 맞추겠다는 것은 자기 고집대로 살고 싶다는 뜻인데 그렇게 하려면 "안녕히 계십시오." 하고 나오면 됩니다. 그러니 자기 업대로 살려면 혼자 살고, 같이 살고 싶으면 업을 고쳐야 한다는 말입니다. 그러면 아무 문제가 없습니다.

질문한 사람도 다른 사람들이 대화를 나누며 사귀는 게 좋아 보이면 자기 고집을 내려놓아야 합니다. 상대가 찾아와서 나를 먼저 좋아하면 그때 나도 그 사람을 좋아합니다. 남이 먼저 나에게 잘해 주기를 원합니다. 그러면 안 됩니다. 내가 그 사람에게 가서 먼저 인사를 해야 합니다. 남자가 나에게 와서 사랑한다고 말하기를 기다리지 말고 내가 먼저 가서, "나 너 좋아해." 이렇게 무엇이든 먼저 하십시오. 어쩌면 그 사람도 나처럼 좋기는 좋지만 상대가 먼저 와서 말해줄 때까지 기다리고 있는 것이지요. 그러니 질문하신 분은 먼저 상대에게 다가가야 합니다. 그러면 금방 바뀔 수 있습니다.

컴퓨터를 하든, 운전을 하든, 피아노를 치든 처음에는 다 서툽니다. 서툴기 때문에 하기 싫습니다. 그러나 이 과정을 거쳐야 합니다. 많은 연습을 해야 합니다. 그러나 대부분 노력하지 않고 그저 저절로 잘할 수 있기를 바랍니다. 운전도 안 해 보고 운전대를 턱 잡으면 저절로 운전이 되기를 바라고, 배우지도 않고 저절로 자전거를 탈 수 있기를 바라지요. 그것은 욕심입니다. 피아노를 배우고 싶다는 게 욕심이 아니라 연습은 안 하고 30년 동안 연습한 사람처럼 나도 잘하고 싶다는 것이 욕심입니다.

무엇이든 과정이 필요합니다. 대화하는 연습을 계속 하십시오.

그냥 해 보세요. 안 되면 다시 하세요.

남편이 불자 되게
하고 싶습니다

남편이 불법에 대해서 무지합니다. 남편이 좋은 불자가 되게 하고 싶습니다.

두 가지 길이 있습니다. 하나는 속전속결이에요. 그런데 속전속결에는 반드시 부작용이 좀 따릅니다.

다른 하나는 천천히 인연을 따라 하는 길이 있어요. 두 번째 길에 대해서 말씀드릴게요. 그러니까 남편을 불법에 참으로 자발적으로 귀의하게 하려면 오늘부터 내가 남편 마음을 이해해야 합니다. 절에 데려오겠다는 생각을 하지 말고, 절은 잊어 버리고 '아, 남편이 술 많이 마셨으니 속 쓰리겠다.' 싶으면 해장국 끓여 드려요. 몸이 피곤하다 하면 안마를 해 주세요. "담배 피지 마라." 이런 말 하지 말고 남편에게 도움이 될 만한 것을 내 힘닿는 대로 거들면 돼요. 한 10년 계획 잡고 이렇게 천천히 남편을 이해하고 도움을 주세요.

그런데 10년 계획 잡으라 하니까 너무 멀다 생각할지 모르지만 그렇지 않습니다. 신라에 불교를 처음 전한 아도 화상은 신라에서 불교를 금했기 때문에 불교를 공개적으로 전할 수가 없어서 변복을 하고 신라 땅 국경 변 선산 지역에 와서 머리를 기르고 종의 신분으로 촌장 집에서 머슴을 살았어요. 그 집에서 양떼를 키우면서 10년간 종노릇을 했어요. 그래서 그 집 재산을 열 배로 불려 줬어요. 그러니 주인이 얼마나 고맙겠어요? 그 당시에는 종을 돈 주고 사야 했는데 어디서 종이 하나 그냥 굴러 들어오더니 자기보다도 더 정성을 기울여서 재산을 불린 거니까요.

그렇게 10년이 지난 뒤에 아도 화상이 자기 신분을 밝혔어요. "나는 사실은 인도에서 온 승려다. 나라에서 국법으로 금지하고 있는 불교의 승려다." 그 주인이 종으로 부려먹기는 했어도 그 사람이 너무나 진실해서 마음속으로는 존경이 갔는데 사실은 스님이라니까 어떻게 했겠어요? 관가에 고발할 수가 없지요. 오히려 더 잘 받들었어요.

그러니까 불교를 가르쳐서 제자로 만든 게 아니고 그

집 종이 되어 그 집 양들을 키워 주면서 감화를 시킨 것이지요. 그리고 나서 신분을 밝히니 모례 장자가 더욱 감동하여 불법에 귀의하게 된 것이지요. 그리고 그 사회에서는 이런 사실이 들통 나면 큰일이니까 집 뒤에 지하실을 파고 거기다 숨겨 주고는 자기 친척, 가족, 가까운 사람들을 조용조용 데려다가 불법을 듣게 했어요. 그 여동생은 비구니가 되고, 본인은 제자가 되어 동네 전교를 하기 시작했어요. 이곳이 신라 불교의 초전법륜성지 아도모례원이에요. 이렇게 해서 신라에 불교가 일어난 것입니다.

질문하신 분은 오늘부터 '이 집에 내가 종 노릇 하러 왔다. 내가 아도 화상이다.' 라고 생각하세요. 어떻게 하면 남편이 불법을 깨우치게 할까 했으니까, '남편을 교화하기 위해서 내가 이 집에 시집왔다. 앞으로 10년간 계획을 잡고 종 노릇을 한다.' 라고 생각하세요. 10년만 극진하게 종 노릇을 해 보세요. 그러고서 남편한테 말하세요.

"사실은 내가 보살이었는데, 당신을 불법에 귀의시키려고 내가 당신한테 시집을 왔다. 사실은 나는 스님이다."

그렇게 10년 동안 정성을 기울여 봐요. 제가 장담합니다. 그렇게 하면 남편이 교화되는 것은 물론이고 남편이 아마 불사의 큰 후원자가 되고 기둥이 될 거예요. 평강 공주가 바보 온달을 뒷바라지했듯이 그렇게 정성을 기울이면 부인이 팥으로 메주를 쑨다고 해도 다 믿어주고 지원을 해줄 거예요. 이것이 정도(正道)입니다.

   그런데 질문하신 분의 속마음이 사실은 남편을 불법에 귀의시켜 내 종 노릇 좀 하게 만들려는 생각은 아닌지요? 남편이 절에 가서 법문 듣고 수행해서 술도 좀 안 마시고, 담배도 좀 안 피우고, 집에도 좀 일찍 들어오고, 내가 말하면 고분고분 듣는 내 종 같은 사람이 되었으면 하는 바람을 갖고 교화하려는 것이라면 50년이 흘러도 교화가 안 됩니다. 왜냐하면 그것은 불법이 아니기 때문입니다. 그러니 남편을 교화하려면 교화한다는 생각을 내려놓고 지금 바로 남편에게 숙이십시오. 그것이 교화시키는 길입니다.

주고도 괴롭고
받으면 부담스러워요

줄 때는 뿌듯하지만 하다가도 뭔가를 기대하는 마음이 생기고, 받을 때는 고맙다가 그 고마움이 날이 갈수록 부담감으로 다가올 때가 많은데, 이런 갈등이 커지면 '차라리 주지도 받지도 않았으면 더 좋지 않았을까.' 하는 마음이 들어요. 이럴 때 불자로서 마음가짐을 어떻게 가져야 하는지 알고 싶습니다.

사람들은 누구나 다 자기 욕구가 충족될 때 기쁨을 맛봅니다. 그런데 우리가 사는 이 세계에서는 욕구가 충족될 때도 있지만 어쩌면 충족되지 않는 경우가 더 많아요. 그러니까 우리는 행복할 때보다는 불행할 때가 더 많습니다. 기분이 좋을 때보다는 기분이 나쁠 때가 더 많지요.

그런데 똑같은 상황에서도 요구가 많을수록 불행해지

고 요구가 적을수록 행복해집니다. 우리가 여행을 가거나 어떤 모임에 가서 똑같은 상황에 처하게 될 때, 바람이 많은 사람일수록 불만이 많습니다. 욕구가 적을수록 기분이 좋아집니다. 그래서 욕구가 너무 커서 탐욕이라고 부를 만한 수준이 되면 괴로움도 커져서 생지옥 같다고 하며, 욕구가 아주 작아지면 천상을 달리게 됩니다. 만약 욕구를 아예 놓아 버리면 괴로움의 극치인 지옥과 즐거움의 극치인 천상을 돌고 도는 윤회에서 벗어납니다. 욕구를 놓아 버리면 만족이 주는 행복도 불만족에 의한 불행도 같이 사라져 버립니다. 그것이 해탈이고, 윤회에서 벗어나는 것입니다. 그러니까 중생 세계에서 욕구를 낮추면 낮출수록 천상으로 가고, 욕구를 완전히 놓아 버리면 해탈의 길을 가게 됩니다.

그런데 범부 중생은 베푸는 것은 없고 바라는 것이 많기 때문에 고통이 커지기만 합니다. 불평이 많고 심리적으로 불안하고 남을 미워하고 화나고 짜증나고 외롭고 슬픈 이것이 다 무엇이겠습니까? 자기 바라는 대로 안 되는 데서 오는 것입니다. 같이 있고 싶은데 혼자 있으면 외로워지지요. 보고 싶은 사람을 볼 수 없거나 죽어서 다시 못 본다고 생각하면 슬퍼지고, 자기가 원하는 대로 안 되면 성질나고 짜증납니다. 자기 의견이 관철되지 않으면 화나고, 자기 원하는 대로 안 될 것이라는 생각이 들면 초조하고 불안해집니다. 내가 원하는 대로 상대가 맞추어 주지 않으면 보기 싫어지고, 그래도 눈앞에 자꾸 보이면 '꺼져!' 하고 고함치고, 그래도 안 없어지면 죽여 버리고 싶지요. 자신도 자기 원하는 대로 안 되면 자기가 미워지고, 더 심해지면 남에게 보이기 싫어지고, 더 심해지면 죽어 버리고 싶습니다. 이게 다 어디에서 생기느냐? 바로 욕구로부터 생깁니다. 자기가 원하는 대로 되어야 한다는 생각에서 이런 일이 자꾸 벌어집니다.

그런데 현명한 사람은 이걸 알고 있습니다.

'이 세상은 내가 원하는 대로 될 수 없다. 내가 원하는 대로 되려면 나도 다른 사람이 원하는 것을 해야 한다. 주는 것이 있어야 받을 것이 있고, 복을 지어야 복을 받을 수가 있다. 가는 말이 고와야 오는 말이 곱다.'

그래서 우리는 다른 사람에게 뭔가 베풀어야 합니다. 주는 것은 없고 받기만 하고, 사랑은 안하고 사랑을 받으려고 하고, 남을 존경하지 않으면서 존경받으려고 하고, 남은 칭찬하지 않으면서 자기는 칭찬 받으려 하고, 베풀지는 않고 자꾸 얻으려고만 하는 것은 범부 중생입니다. 그렇게 하면 자기가 원하는 게 이루어질 가능성이 매우 낮기 때문에 지옥, 아귀, 축생도의 삼악도를 헤매게 됩니다.

그런데 인연의 과보를 믿는 사람은 베풀고 받으려고 해요. 이것은 자기 원하는 대로 이루어질 확률이 매우 높지요. 그러면 인간, 천인, 아수라의 삼선도의 복락을 받게 됩니다. 그러나 이렇게 주고받는 것은 베풀되 받으려는 욕구가 아직 사라지지 않고 남아 있는 것입니다. 복을 지을 때도 복 받기 위해서 복을 짓고, 사랑한다 할 때도 사랑 받기 위해서 한다는 것이죠. 남에게 줄 때도 칭찬받기 위해서 줍니다.

이처럼 중생의 세계에서는 받아야 한다는 것을 버릴 수가 없어요. 부모가 자식에게 베푸는 사랑을 대가를 바라지 않는 순수한 사랑이라고 하지요. 그런 부모도 힘들면 '내가 너 키우느라 얼마나 고생을 했는데……' 합니다. 이 말에는 '내가 너를 키우느라 이만큼 애를 썼으니 너도 노후에 나한테 보상해라.'라고 바라는 마음이 있습니다. 그렇기 때문에 부모가 자식을 원망하게 됩니다.

그런데 부모가 자식한테 베풀어 줬는데 자식이 부모를 원망하는 경우도 있습니다. '다른 집 부모는 이런 것, 저런 것 해 주던데 왜 우리 부모는 나한테 안 해 줄까?' 이렇게 욕구가 커지니까 자기를 낳고 키워 준 부모마저도 원망하게 됩니다. 이것은 바라는 마음 때문에 나타나는 것입니다. 그러니 이 바라는 마음이 모든 괴로움(苦)의 근원입니다. 만약 이 바라는 마음이 없으면 미워할 일이 없고 원망할 일이 없어요. 화나고 짜증날 일이 없습니다.

'베풀 때 어떻게 베풀어야 하느냐? 베풀 때 어떤 마음을 가져야 하느냐?' 하는 말은 '자기 행위의 결과가 자기에게 괴로움으로 돌아오지 않게 하려면 마음을 어떻게 가져야 하느냐?' 라는 말에 다름 아닙니다. 결국 '바라는 마음 없이 베풀어라.' 는 말로 귀결됩니다. 이것이 금강경에서 말하는 무주상 보시의 뜻입니다. 받으려는 생각이 괴로움의 근원입니다. 그런데도 중생은 받는 것을 좋아합니다. 그것이 괴로움의 원인이고 속박의 원인인 줄 모르고 받는 것을 좋아하지요. 그래서 이것이 쥐가 쥐약을 먹는 것과 같다고 말하는 것입니다.

그러면 절대로 안 받아야 하느냐? 주기만 하고 안 받으려고 하는 것은 좋게 말하면 남에게 피해를 끼치지 않겠다는 생각이죠. 그런데 그것 또한 어리석은 생각입니다. 산다는 것 자체가 남의 은혜 속에 사는 것인데 남의 은혜 속에 살고 있으면서 나는 늘 베풀기만 하지 받지는 않는다고 착각하기 때문입니다. 사실은 이것도 해탈의 길이 아닙니다.

내가 이렇게 살아 있는 것은 저 태양의 은혜, 물의 은혜, 공기의 은혜, 땅속에 있는 수많은 박테리아의 은혜, 지렁이의 은혜, 곡식의 은혜, 농부의 은혜, 노동자의 은혜가 있기 때문이고, 남편의 은혜, 아내의 은혜, 부모의 은혜, 자식의 은혜가 있기 때문입니다. 일체중생의 은혜 속에서 내가 지금 살아가고 있는 것입니다. 내가 그들의 은혜 속에서 살고 있다는 것을 참으로 자각하면 내 마음속에 은혜를 갚고자 하는 마음이 생깁니다. 은혜를 모르기 때문에 보답할 생각이 안 일어나는 거예요. 은혜를 알게 되면 제일 먼저 감사하는 마음이 생깁니다. 그 다음에 아껴 써야겠다는 마음이 듭니다. 나도 좀 갚아야겠다는 생각, 나도 보답을 해야겠다는 생각을 하게 되지요.

그렇게 되면 내 삶이 자연스럽게 베푸는 마음 쪽으로 나아가게 됩니다. 내가 은혜 속에서 살면서도 독불장군처럼 은혜 속에서 살지 않는다고 착각하기 때문에 나는 남에게 폐를 안 끼친다는 잘못된 생각을 갖게 되지요.

내가 늘 은혜 속에서 사는 것을 알게 되면 늘 감사하고 중생에게 은혜를 갚으려는 마음을 내게 됩니다. 물질로 받았지만 물질이 없으면 마음으로라도 감사하고, 몸뚱이밖에 없으면 가서 봉사를 하게 되는데, 그렇다고 마음이 위축되거나 빚진 기분이 되는 건 아닙니다.

빚졌다는 생각은 네 것, 내 것이 있다고 생각하기 때문에 생기는 것입니다. 손해났다는 것도 내 것, 네 것이 있다고 생각하니까 준 것이 많고 받은 것이 적으면 손해났다고 하는 것입니다. 빚졌다, 손해났다는 것은 내 것이 있고 네 것이 있는 중생 세계의 논리입니다.

깨달음의 세계에서는 내 것이니 네 것이니 하는 것은 다만 관념일 뿐입니다. 그 세계에는 내 것, 네 것이 본래 없습니다. 저 태양은 내 것도 아니고 네 것도 아닙니다. 자연 것도 아니고 우주 것도 아닙니다. 어느 누구의 것도 아닙니다. 그냥 태양일 뿐입니다.

해는 무차별적으로 비춰 줍니다. 누구나 필요하면 햇볕을 쬘 수 있고 누구나 필요하면 공기로 숨 쉴 수 있고 누구나 필요하면 물을 마실 수 있어요. 필요에 의해서 쓰일 뿐입니다. 그러니까 내가 필요해서 다른 사람을 쓰기도 하고 또 다른 사람의 필요에 의해서 나 또한 쓰이기도 합니다. 쓸모가 있는 이것이 삶이에요. 쓸모가 없어지는 것은 죽음입니다.

우리가 밥을 먹을 때에도 내가 다른 사람에게 쓰일 수

있습니다. 수저도 놓아 주고 반찬도 옮겨 주고 물도 따라 주어야지요. 그런데 내가 상대를 위해 쓰이기도 하지만 내가 다른 사람을 쓰기도 하지요. 주전자가 멀리 있으면 "주전자 좀 주십시오." 해서 다른 사람을 쓰면 그 사람도 기분 좋지요. 내가 명령하듯 시키는 것하고는 다릅니다. 그 사람이 그것을 기꺼이 할 수 있도록 기회를 제공해야 합니다.

이와 같이 사는 것이 바로 쓰고 쓰이는 관계라는 것을 알고, 도움을 받으면 고마운 마음을 내되 위축되지 않고 내가 남에게 도움을 주되 바라는 마음을 내지 않기 때문에 그에게 섭섭한 마음을 갖지 않게 됩니다.

우리는 다른 사람의 요구를 들어주기도 하고, 또 다른 사람을 우리의 필요에 의해서 쓸 수도 있어야 합니다. 이것이 우리가 베풀 때 마음가짐, 받을 때 마음가짐입니다.

자원 봉사가
도리어 괴로움이 되었어요

저는 몇 년 전부터 독거노인에게 작은 봉사를 하고 있습니다. 처음에는 할머니에게 무엇을 해 드려야 하나, 어떻게 도움이 되어야 하나 생각하며 봉사를 했는데, 시간이 흐르고 할머니와 대화를 나누면서 자꾸만 할머니의 단점이 보입니다. '할머니가 그런 식으로 생각을 하니 오늘 이렇게 살게 되었지.' 하는 생각이 자꾸 들어서 오히려 봉사가 저를 괴롭힙니다. 그래서 지금은 다른 곳에서 이런 봉사할 기회가 있어도 나서지 않습니다. 이럴 때는 어떻게 마음을 내고 수행을 해야 합니까?

봉사라는 것은 남에게 도움이 되는 일을 하는 것입니다. 그런데 남에게 도움이 되는지 안 되는지 아는 것이 사실 쉬운 일은 아닙니다. 꽃밭에 물을 줄 때도 아무 때나 물

준다고 다 좋은 게 아니에요. 한낮에 물을 주면 더 시들기도 해요. 오줌을 준다고 다 거름이 되는 것도 아니에요. 얼마만한 크기의 식물에, 어느 정도 농도로, 어느 정도의 거리에서, 어느 때에 주느냐 하는 여러 조건이 있습니다. 그게 안 맞으면 거름이 되기는커녕 독약이 됩니다. 반면에 독약도 잘 쓰면 약이 됩니다.

봉사라는 것은 상대를 살리는 데, 상대를 기쁘게 하는 데 도움이 되어야 합니다. 또 봉사를 할 때에는 상대의 필요에 맞게 해야 합니다. 연세가 들어서 잘 걷지 못하면 지팡이 노릇을 해 주고, 무거운 짐을 못 들면 짐을 들어 주고, 목욕을 못 하면 목욕을 시켜 드리면 되지요. 그런데 사람마다 필요로 하는 게 달라요. 어떤 필요를 충족시켜 줄 것인가는 자신이 선택할 문제예요. 혼자 사는 남자가 잠자리 같이 하자고 하면 그것까지 내가 들어줄 것인가. 술 사 먹겠다고 돈 내놔라 하는데 그것까지 들어줄 것인가. 들어줄 수도 있어요. 그러나 어디까지 들어줄 것인가는 자신이 선택해서 하는 수밖에 없어요.

한국 사회 안에서도 필요한 활동이 무척 많습니다. 그러나 제가 다른 나라까지 둘러본 입장에서 볼 때, 한국 사회에서 물질적으로 도와줄 것은 없겠다 싶네요. 그런데 여러분은 물질이 부족하다고 느끼지 않습니까? 집집마다 돈이 부족하잖아요. 도와주면 다 좋아하지요. 그런데 그런 돈 문제를 해결해 주고 돕는 게 저의 일이라면 제가 기업을 하든지 정치를 해야 하겠지요. 하지만 저는 수행자잖아요. 제가 줄 수 있는 건 정신적인 도움입니다. 그런데 인도에 가 보면 당장 굶어죽는 사람들이 많아요. 그런 사람들은 정신적인 도움보다 더 급한 게 음식이에요. 또 병이 나서 찾아오는 사람도 있어요. 그런 사람들은 치료를 해 줘야 해요. 그럴 때는 제 본분은 아니지만 물질적인 도움을 주어야 합니다. 그래서 그런 경우는 우리가 물질적으로 지원하자는 겁니다.

그런데 물질적인 도움, 봉사도 필요하지만, 외로워서 말벗이 필요한 노인들도 있습니다. 남에게 좋은 말을 못 들어서 괴로운 사람도 있지만, 하고 싶은 말을 못 해서, 자식 욕을 못 해서 괴로운 사람도 있습니다. 그런 걸 들어 주는 것도 좋은 봉사죠.

그런데 얘기를 들으면서 '아이고, 심보를 저렇게 쓰니 못살지.' 하고 그 사람을 나무라면 안 됩니다. '사람이 고통을 겪는 게 다 자기가 지어서 자기가 받는 것이라는 부처님의 가르침이 사실이었구나.' 하고 내가 깨닫는 계기로 삼아야 합니다.

우리가 봉사할 때 자기 생각으로 가서 자기 식대로 평가하는 것은 진정한 봉사가 아닙니다. 그러니 마음을 새로 내셔서, 다만 그 분이 필요로 하는 것을 도와주십시오. 필요로 하는 것이 없다 싶으면 그만 도와드려도 되지요. 분별심으로 그만두면 안 됩니다.

법륜스님의 즉문즉설 卽問卽說

우리가 바라는 것이 이루어질 때보다 이루어지지 않을 때가 더 많습니다. 그래서 인생은 즐거움보다 괴로움이 더 많습니다. 왜 그럴까요?
차 타고 가면서 길 막히지 않았으면 좋겠다고 바라는 경우를 살펴봅시다. 길이 막히는 시간에 안 막혔으면 좋겠다는 생각이 일어납니다. 한산한 새벽 시간에 나오면서 길이 안 막혔으면 좋겠다는 생각을 하지는 않지요. 막히는 시간에 안 막히기를 바라니까, 바라는 것이 이루어지지 않을 확률이 높습니다.

2부

왜 인생이 내 맘대로 안 될까요?

'차가 빨리 왔으면 좋겠다.'
이런 생각 하지 않아도 버스는 올 때 되면 옵니다.
우연히 맞아떨어지면 내가 원하는 대로 됐다고 기뻐하지만, 그건 내가 원했기 때문에 된 것이 아니지요.
해탈의 길은 일어나는 마음을 따라 집착하지 말고 '이런 마음이 일어나는구나.' 하고 다만 지켜보는 겁니다.

아이들 때문에
이혼을 망설이고 있습니다

남편이 다른 여자와 살림을 차렸습니다. 이혼하고 싶지만 애들 때문에 많이 망설여집니다. 어떻게 해야 마음을 비울 수 있겠습니까?

이혼하는 게 좋겠다고 생각했으면 "안녕히 계십시오." 하고 떠나세요. 만약 보살님의 자식이나 오빠나 동생이 결혼했다는 한 가지 이유로 묶여서 괴롭게 사는 것을 보면 어떻겠어요? "그래, 너 살고 싶은 대로 살아 봐라." 이렇게 말하고 싶잖아요. 딴 여자가 더 좋아서 같이 살면 행복하다는데, 살아 보라고 보내 줘야지 망설일 필요가 있을까요. 저는 그렇게 생각해요.

그런데 경제적인 문제 때문이든 무엇 때문이든, 나도

그 사람이 좀 필요하다 생각되어 같이 살 때는 미워하고 욕하면 안 되는 거예요. 그럴 때는 반을 나눠 가질 생각을 하세요. 내 것을 반 뺏긴 게 아니라, 반이라도 내가 필요해서 가져야겠다고 생각하면 절반을 가지고 사는 수밖에 없어요.

그리고 나는 상관없지만 아이들에게 아버지 역할이 필요하다고 생각한다면, 아이들을 위해 그냥 사는 걸 선택하면 돼요. 그러면 내 필요에 따라서, 내가 내 아이를 사랑하기 때문에, 아이를 잘 키우기 위해서 내가 그 길을 선택한 것입니다. 이렇게 생각하시면 미움이 일어날 까닭이 없습니다. 나한테 남편이 좀 필요하면 절반이라도 내가 갖고 살고, 나는 별 상관없는데 아이들에게 필요하다면 아이들에게 필요한 만큼 내가 관계를 맺고 살면 돼요. 내가 그 사람을 위해서 봉사하는 것이 아니고, 참는 게 아니고, 내 필요한 만큼만 관계를 맺는다는 얘기예요.

그러나 더 현명한 길은 오히려 남편에게 참회 기도를 하는 거예요. 남편의 어떤 요구를 내가 충족시키지 못하고 있는 것이거든요. 남편에게 필요한 것을 내가 못 해주니까 남편이 다른 곳에서 찾고 있는 거예요. 이것은 남편을 자세히 분석해 보면 알 수 있어요. 남편은 엄마가 필요한 사람일 수 있는데 내가 엄마 역할을 못 해 주는 경우가 있지요. 남편은 기생이 필요한데 내가 기생 노릇을 못 해 주는 것일 수도 있지요. 그것은 남편이 어떤 여자하고 연애를 하느냐를 살펴보면 알 수 있어요. 그 여자가 기생 같으면 아내의 기분은 엄청 나쁘겠지요. 그런데 남편에게는 지금 그런 게 필요한 거예요. 또 내가 보기에 못생겼고 나이도 많고 학벌도 없고 보잘 것 없는 여자랑 살고 있을 수도 있어요. 그것도 잘 살펴보면 그 여자가 엄마 같거나 뭔가 다 이유가 있어요. 사회 윤리적으로 보면 물론 잘못된 일이지만 인간 개인의 심리적인 측면에서 보면 일어날 수 있는 일이 일어난 것이라고 알아야 합니다.

그러니까 "아, 그 사람이 더 좋다면 그렇게 사십시오." 하면 됩니다. 옛날에는 결혼했으면 죽으나 사나 같이 살아야 했지만 요즘은 그렇지 않잖아요. 거기에 아이 때문에 누구 때문에 그런 조건을 붙이고 그럴 것 없어요. 미워할 이유도 없고, 원망할 이유도 없어요. 그냥 그에게 자유를 주고 나 또한 내가 편한대로 선택해서 살면 됩니다. 그러나 자식한테 필요하든지, 잠자리에 필요하든지, 돈이 필요하든지 하면 나한테 그 남자가 필요한 만큼 일정한 관계를 맺고 살면 된다는 뜻입니다. 그런데도 이것이 문제가 되는 것은 감정 때문이지요.

상대는 내가 필요 없다는데 나는 상대가 필요하니까 다 가지려고 하면 감정만 상하지요. 이렇게 서로 요구가 다를 때에는 타협이 필요합니다.

여러분이 불법이 좋아서 매일 절에 나오는데 남편이 가지 말라고 할 때, 여러분이 자신의 의지를 분명히 하고 더 세게 나가면 어떻게 됩니까? 남편이 보기에 못 가게 하면 아내가 아예 집 나가 버릴 정도로 의지가 강하다 싶으면, 이때 같이 살려는 남편은 "가더라도 저녁에는 일찍 집에 들어와라." 하고 오히려 타협점을 제시하기도 합니다. 인생살이가 다 그래요. 그러니까 남편의 외도라는 사건에 대해 억울하고 분해할 것이 아니라 어떻게 서로의 관계를 조정하고 살아야 하는가 생각할 문제예요. 그렇게 사고하고 대처하는 것이 현명한 거예요. 안 그러면 남편을 미워하게 되지요.

마음을 비운다느니 이런 거창한 얘기가 필요 없어요. 뭐 대단하다고 마음을 비우기는 비워요? 그건 욕심을 버리는 것이지, 비우는 게 아니에요. 현명하게 자기 마음을 잘 살펴서 자기를 괴롭히지 말고 살라는 말입니다.

내가 싫어집니다

1년 정도 수행하다 보니 그 동안 저 때문에 주변 사람들도 힘들었고 저도 힘들었다는 것을 알게 되었습니다. 기도하면서 이렇게 모든 것을 자신에게 돌려보게 되니 제 모습이 싫어지고 그 생각에 사로잡혀 침체되어 가는 것을 느낍니다. 이럴 때 '나'를 어떻게 바라보아야 합니까?

여기 그림이 두 개 있습니다. 하나는 실제 법륜 스님이고 다른 하나는 자기가 그리고 있는 법륜 스님입니다. 법륜 스님이라는 사람이 여기 있는데 실제 법륜 스님보다 나쁘게 그려도 안 맞고 실제보다 더 좋게 그려도 맞지 않습니다. 너무 좋게 그린 그림을 보다가 실제 법륜 스님을 만나면 실망합니다.

우리는 대부분 자기 남편이나 아내를 자기가 원하는 대로 그립니다.

'우리 남편이 이렇게 되었으면 좋겠다. 우리 아내가 이렇게 되었으면 좋겠다. 내 친구는 이렇게 되었으면 좋겠다. 자식이 나에게 이렇게 해 주었으면 좋겠다.'

이렇게 하면 내가 그리고 있는 상대와 실제 상대는 맞지 않습니다. 그 간격이 멀어지면 멀어질수록 갈등이 심화됩니다. 하는 꼴이 다 보기 싫습니다. 남편은 술 마시고 늦게 들어오지, 애는 공부 안 하지 하는 식으로 됩니다. 그래서 미워하게 됩니다. 내가 그리고 있는 상대, 상대가 이래야 한다고 하는 것은 허상입니다. 열 시에 들어오면 열 시에 들어왔구나, 술 마시고 오면 술 마셨구나 하고 실제 있는 그대로 보면 되는데 그것을 자기 원하는 대로 보니까 이것도 안 맞고 저것도 안 맞는 것입니다. 그래서 미워지는 겁니다. 내 입장에서는 날마다 술 마시고 늦게 들어오면 밉지만 술집 주인 입장에서 볼 때는 매일 술 마시고 늦게 가면 좋은 일입니다. 행위 자체는 좋은 것도 아니고 나쁜 것도 아니지만 각자 보는 입장에 따라 좋은 게 되고 나쁜 게 될 뿐입니다.

지금 불법을 공부하다 보니 상대방이 문제가 아니라

자기 문제라는 것을 알게 되었습니다. 그것을 알게 되자 처음에는 아주 좋아졌습니다. 그러다 또 문제가 생깁니다. 다시 두 개의 상을 그리는데 하나는 현실의 나고, 다른 하나는 내가 원하는 나입니다. 내가 원하는 나는 집착을 놓아야 한다고 하면 놓고, 화를 안 내야 한다면 화를 안 내고, 깨닫고 싶으면 깨달아야 합니다. 그러나 현실의 나는 집착을 놓지도 못하고 화를 내기도 하고 깨닫지도 못합니다. 내가 원하는 나는 이렇게 되어야 하는데 안 되니 자기 꼴이 또 보기가 싫습니다.

아까는 상대방이 보기 싫었습니다. 보기 싫다고 해도 없어지지 않고 자꾸 나타나고, 나타나니 죽어 버려라 해도 안 죽고, 안 죽으니 내가 죽여 버리는 것이 살인입니다. 또 나는 이렇게 돼야 하는데 안 되니 내가 보기 싫습니다. 보기 싫다는 것은 창피하다는 겁니다. 자기 꼴 보기 싫은 것이 창피함으로 나타나는데 이것은 초기 증상입니다. 다른 사람이 보기에는 아무렇지도 않은데 자기가 창피해서 문을 걸어 잠그고 나오지 않습니다. 그렇게 하다 '나 같은 건 죽어야 돼.' 해서 죽는 것이 자살입니다.

살인과 자살은 똑같은 정신병입니다. 자살하고 싶은

사람일수록 죽이고 싶은 마음이 많습니다. 상대방이 엎어지면 엎어지는 대로, 술 마시면 술 마시는 대로, 오면 오는 대로 받아들여야 합니다. 자기가 하기로 해 놓고도 못 하면 합리화하지도 말고 부끄러워하지도 말고 그 자체를 인정하고 받아들여야 합니다. 그런 자기를 받아들이지 않는 것은 자기의 허상에 사로잡혀 꿈속에 사는 겁니다.

예를 들어 노래할 줄 모른다고 안 하겠다고 빼는 것은 다른 것은 잘하는데 노래를 못 하는 자기를 보이기 싫다는 겁니다. 한 마디로 말하면 겸손한 게 아니라 자기 잘났다는 말입니다. 자기를 놓아 버리면 그렇지 않습니다.

"노래 한 곡 해 보세요."

"알았습니다, 산토끼 토끼야……."

이렇게 하면 됩니다. 우리는 잘해서 칭찬 들으려고 하는데 이것은 자기를 쥐고 있는 것입니다. 탁 놓으면 욕을 해도 그만, 칭찬을 해도 그만입니다. 이러면 나사 빠진 듯하지만 갈등이 덜 생깁니다. 남이 볼 때 처음에는 약간 이상하지만 한참 있다 보면 괜찮습니다.

자기를 놓아 버려야 하는데 자기가 놓아지지 않는 것이 현실입니다. 이 현실을 있는 그대로 수용하세요. '아이고, 내가 또 내 자신에 집착하네, 아이고 저 잘났다고 또

설치는구나.' 하고 수용해야지 미워하면 안 됩니다. 그냥 인정하십시오.

다른 사람이 "당신은 화를 벌컥벌컥 내고 심보가 왜 그래!" 할 때, "아이고, 글쎄 말입니다. 제 심보가 문제입니다." 이러면 아무 문제가 안 됩니다. 심보 더럽다 해도 '그래, 내가 생각해도 심보가 좀 문제다.' 하고 인정하면 누가 뭐라고 하겠습니까? 그런데 "내 심보가 어때서요?" 하고 걸고넘어지니까 "아이고, 저 소갈머리 좀 봐라." 하면서 문제가 자꾸 덧나는 것이지요. '왜 내가 문제야.' 이러면 안 된다는 말입니다.

남편이 뭐라고 하면 "아, 나도 좀 문제네요." 하고 넘어가면 아무 문제가 없습니다. 그런데 대부분 변명하려고 합니다. 무슨 수를 써서라도 변명을 하면서 내가 옳고 네가 그르다는 것을 보여 주려고 하니 머리가 복잡해집니다. 인정하고 받아들이면 별 것 아닙니다. 인정한다고 내가 나빠지는 것도 아닙니다. 단지 그때 한 생각일 뿐입니다.

남편에게 덕 보려는 생각을 버리고
남편을 도와주려는 마음을 내면 인생이 편합니다.

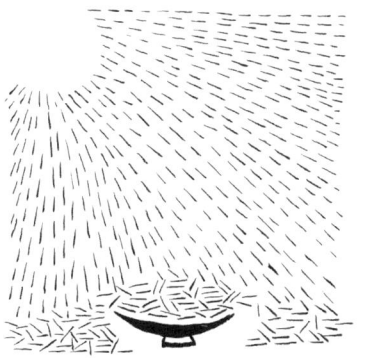

직장을 그만두고 싶은데

저는 평범한 회사원입니다. 어느새 직장 생활한 지 8년이나 됐습니다. 이 길이 내 길이라는 확신도 없이 경제적인 이유로 다니다 보니 항상 번민이 큽니다. 여유가 생기면 제가 하고 싶은 일, 공부를 계속하고 싶기 때문입니다. 그런데 이제 결혼도 하고 아이도 있고 집도 생기고 보니 직장을 그만두기가 더 힘든 것 같습니다.

어떤 사람이 집과 재산도 버리고 명예도 버리고 애욕도 버리고 도를 이루기 위해서 출가했어요. 오직 깨닫기 위해서. 그런데 몇 년 공부해 보니까 스님들과 같이 사는 대중생활을 하면서는 도저히 못 깨달을 것 같았어요.

'내가 가족을 떠날 때는 정진하려고 떠났는데 대중과

함께 사니 소임도 맡아야지, 밥도 해야지, 이것도 해야지, 저것도 해야지, 이래서는 공부가 안 되겠다. 깊은 산 속에 아무도 없는 데서 내 맘대로 공부만 해야겠다.' 이렇게 생각하고 마을에서 이, 삼십 리 떨어진 깊은 산골짜기에 혼자 들어갔어요.

그런데 비를 맞고 살 수는 없으니 집을 지어야 했고 먹을 것을 구하려면 마을까지 가야 했어요. 그래서 산에서 나무해서 초막 짓고, 또 삼십 리 길을 걸어 마을까지 내려와 먹을 것을 얻어서 또 삼십 리 길을 걸어 올라갔어요. 며칠 있다가 그 양식이 떨어지면 또 내려와야 했어요. 그러니까 대중생활할 때보다 일이 더 많아졌지요. 집도 그냥 한번 지어 놓으면 그만이 아니라 때때로 수리도 해야지, 식량 얻으러 마을에 왔다갔다하다 보니 짚신도 닳아 떨어져서 새로 삼아야지, 뭐 도저히 공부할 시간이 안 나는 것이었어요.

게다가 이렇게 애쓰는 동안 몸을 무리하게 써서 병까지 들어 의사한테 갔더니 영양실조래요. 그동안 제대로 못 먹어서 몸이 아프니까 정진도 잘 안 됐어요. 건강을 되찾으려면 하루에 우유를 한 컵씩 먹어야 한다고 의사가 처방했어요. 마을에 내려가 우유 한 컵 먹고 올라가면 저녁이 되니 도저히 공부할 시간이 안 나지요.

그래서 다른 방법을 찾았어요. '이건 시간 낭비다. 염소를 한 마리 먹이면 왔다갔다 안 해도 되겠다.' 그래서 염소를 몇 마리 구해서 데리고 올라갔어요. 염소 젖을 짜 먹으니 왔다갔다는 안 해도 되는데, 이번에는 염소를 풀어놓으면 도망가니까 찾아 와 매어 놔야지, 또 풀 먹일 때는 풀어 줘야지, 다시 또 집에 와서는 매어 놔야지, 먹일 풀이 없을 겨울에 대비해 꼴 베어 쌓아 놔야지……. 이제는 염소 때문에 공부할 여유가 없는 겁니다. 그래서 할 수 없이 염소를 돌볼 목동을 하나 구했어요.

그런데 공짜로 일해 줄 목동이 없잖아요. 그러니까 전에는 탁발해서 혼자 먹을 것만 구해 오면 됐는데 이제 이 사람 월급과 먹을 것까지 탁발 다니다 보니 염소를 돌보지 않는 대신 탁발을 더 많이 다녀야 했어요.

도저히 안 되겠다 싶어서 또 생각을 했어요. '이러느니 차라리 여자를 하나 데려오는 게 낫겠다. 그러면 월급을 안 줘도 되니까. 그래, 그거 좋은 아이디어다.' 해서 여자를 하나 데리고 왔어요. 인건비 나갈 일은 없어졌지요. 이제 공부하려고 하니 애가 생겼어요.

그래서 가족 버리고 멀리 깊은 산중으로 도망가서 수

행하려 하다가 결국은 결혼해서 애 낳고 하루하루 먹기 위해서 허겁지겁 살게 되었다는 이야기입니다.

이게 인생이에요. 순간순간 선택은 잘해요. 그런데 결과는 이렇습니다. 이걸 살필 줄 알아야 합니다. 지금 질문한 이 사람만 그런 게 아닙니다. 이 사람 보기에 딴사람은 다 잘 살고 자기만 여유가 없는 것 같겠지만 그렇지 않아요. 중생의 삶이 다 그렇습니다. 모든 사람들이 '돈만 있으면', '결혼만 하면' 하고 생각합니다. 자식을 둔 사람은 '자식만 없으면 될 텐데', 늙은 사람은 '내가 조금만 젊었어도 한번 해 볼 텐데', 갓난아기 안고 있는 사람은 '애가 초등학교만 가면', 아이가 초등학교 다니는 사람은 '애가 중학교만 들어가면', 중학교 들어가면 '애가 대학만 합격하면' 하고 생각합니다. 대학 시험 합격하면? '아이고, 군대만 갔다 오면', '졸업만 하면 좋을 텐데.' 하지요. 취직만 하면, 결혼만 하면, 손자만 낳으면……. 다음에는 또 손자 키워야 한다고 해요. 이렇게 사는 게 인생이에요.

이렇게 살아도 됩니다. 그러려면 '수행하려 했는데' 하는 생각을 놓아야 합니다.

그렇지 않고 자기 목표를 이루려면 어느 한 순간에 멈추어야 해요. 그 멈추는 시기도 자꾸 미루면서 언제부터,

언제부터 하면 안 됩니다. 지금 딱 멈춰야 해요.

우리 절에 행자로 있다가 중간에 나간 사람이 있었는데, 늘 이렇게 말했어요.

"스님, 제가 3년만 돈 벌고 돌아올게요."

그런데 3년이 넘어 5년이 되어도 오지 않아서 가 봤어요. "3년 지났는데 뭐 하고 있나?" 돈을 벌기는커녕 빚을 져서 빚 갚아놓고 돌아오려고 했는데, 빚을 갚는 건 고사하고 오히려 빚이 더 늘어나서 못 온대요.

이게 인생이에요. 이 사람은 노름판을 못 떠나는 노름꾼하고 같아요. 노름하는 사람이 갈 땐 돈 따러 갔는데, 나중에는 노름판에 붙어 있는 이유가 뭐예요? 본전 찾기 위해서예요. "본전만 찾으면 노름꾼 인생 털겠다." 하면서 집 팔고 논 팔고 합니다. 본전 생각을 버려야 해요. 본전 생각이 제일 위험한 것이에요. 이런 저런 생각 하지 말고 '아이고, 마누라 있고 집 있고 직장 있겠다. 천하에 부러운 게 어디 있나. 내 인생이 최고다.' 이렇게 생각하고 살면 됩니다.

첫 생각을 버리세요. 아니면 지금이라도 탁 털고 일어서면 돼요. 직장이든 가족이든 '안녕히 계십시오.' 하고 그냥 떠나 버리면 됩니다. 길은 두 가지가 있습니다. 한 가지만 있는 게 아니에요. 이게 인생입니다.

인정하면 삶이 자유롭고 가벼워집니다.

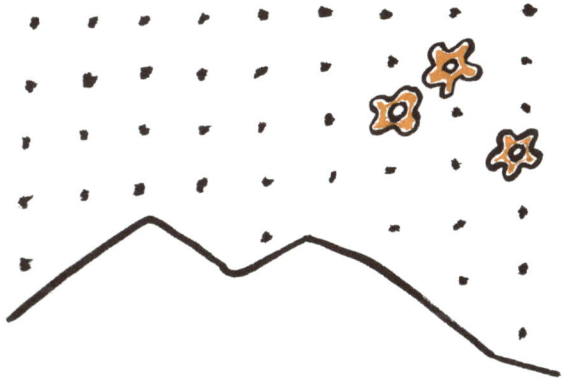

왜 이렇게 마음이
허전할까요

마음 한 구석이 비어 있는 듯 허전함을 느낍니다.
그 허전함에 쫓겨 삶을 낭비할까 두렵습니다. 왜 그럴까요?

마음이 공허하고 허전할 때가 많다는 것은 욕심이 많기 때문입니다. 본인은 아무것도 바라는 게 없다 하지만 인생에 뭔가 의미 부여를 많이 하고 있어요. 인생이라는 것은 길가에 자라는 한 포기의 풀처럼 그냥 자라고 꽃피고 열매 맺고 죽는 겁니다. 특별하게 '나는 뭐가 되어야 하겠다.' 이런 것도 다 욕심이에요. 결혼생활은 이러이러해야 하고 연애는 이렇게 멋있어야 하고 돈은 이만큼 벌어야 한다는 등 여러 가지 기대와 바람이 있잖아요. 그런데 막상 결혼해서 살아 보면 그런 것과는 거리가 멀지요. 아내가 아름답다, 남편이 멋있다는 것도 그때뿐이고 세월이 흘러 지나 보면 별 것 아니지요. 그게 인생이에요. 이렇게 사는 게 인생이란 말이에요. 저는 인생에 별 의미를 부여 하지 않아요. 그렇기 때문에 무슨 일이 안 되어도 좌절할 것도 없고 잘 된다고 특별히 기대할 것도 없어요. 어떤 일이 이루어졌다 하더라도 제가 한 게 아니지요. 이 세상에서 저 혼자 할 수 있는 일은 아무것도 없어요. 쌀 한 톨 만들어지는 것도 천지 만물이 관여해서 이루어지는 것이지 저 혼자 한 일이 아니지요.

그러니까 마음이 공허하다, 허전하다는 것은 뭔가 바라고 기대하고 채우려고 하는데 그게 뜻대로 안 되기 때문입니다. 그러니까 공허한 마음을 채우려고 하지 말고 자기 마음을 들여다봐야 합니다. 부부 관계가 무료하다는 것은 부부 관계가 특별해야 한다고 생각하기 때문입니다.

여러분은 머리 깎아 스님 되는 게 뭔가 특별한 인생이라고 생각합니다. 그렇게 특별한 인생이라고 생각하고 절에 들어가기 때문에 도를 구한다고 하다가 제대로 안 되면 금방 포기해 버리기도 하지요. 그래서 반야심경에서 '얻을 바 없는 까닭으로(以無所得故)'라고 하지요. 얻을 바가 없다는 걸 알아야 해탈을 이루는 겁니다.

절에서 뭘 얻어 가려 하기 때문에 날마다 반야심경을 독송하며 절에 다니면서도 해탈을 못 하는 겁니다. 절에 다닌다는 것만으로는 결코 해탈하지 못합니다. 본질을 꿰뚫어 봐야 합니다. 마음이 허전하다고 무엇으로 채워야 할지 묻는 것은 망상을 좇는 것입니다. 개에게 흙덩이를 던지면 개는 흙덩이만 쫓습니다. 그런데 사자는 흙덩이를 던지는 사람을 쫓습니다. 허전하다고 뭔가 채울 것을 찾는 것은 개가 흙덩이를 쫓는 것과 같아요. 사자가 사람을 쫓듯이 망상을 쫓지 말고 허전한 마음을 탁 꿰뚫어 봐야 합니다.

'아, 내가 뭔가 바라는 마음으로 헤매고 있구나.'

바라는 마음을 놓으면 허전한 마음은 흔적도 없이 즉시 사라져 버립니다. 이렇게 본질을 꿰뚫어야 합니다. 본질을 놓치고 뭔가 자꾸 채우려고 하면 그때부터 마음은 복잡해지는 것입니다. 그것을 서예로 채울까? 골프로 채울까? 춤으로 채울까? 이것 채우면 저게 문제고 저것 채우면 이게 문제고, 이렇게 헤매는 것이지요.

채우려는 생각을 버리세요. 그러면 허전함도 없어집니다.

모든 괴로움과 얽매임은 다 내 마음이 일으킵니다.

가족 중에 환자가 있어서
마음이 무겁습니다

저는 혼자서는 생활할 수 없는 장애인이나 환자, 그리고 그들을 보살피는 가족들을 보면 마음이 많이 아픕니다. 저 역시 가족 중에 오랫동안 병을 앓고 있는 환자가 있는데, 만약에 우리가 보살펴 줄 힘이 없게 되면 그 사람이 어떻게 살아갈까 걱정되어 마음이 무겁습니다.

세상 사람들의 고통에 대한 우리의 태도는 두 가지로 나뉩니다. 하나는 이 세상 사람들의 불편과 고통을 외면하는 것입니다. 이런 사람은 자기가 경험해 보기 전까지는 그런 고통을 전혀 모릅니다. 또 하나는 그들의 아픔에 빠져 버리는 것입니다. 그래서 근심 걱정을 합니다. 그런데 그들의 고통에 아파하고 걱정하는 것이 실제로 그들에게 도움이 되지는 않습니다. 이것은 둘 다 자기 생각에 빠진 것입니다. 하나는 보지 못해서 외면한 것이고, 또 하나는 거기에 빠져 버린 것입니다.

지금 질문하신 분은 그들을 보면 가슴이 아프다고 하셨어요. 가슴이 아플 수도 있지만 가슴 아파하는 것이 그들에게 도움이 될까요? 내 마음만 아프지 그들에게는 아무런 도움도 되지 않습니다. 그러나 그들을 보면서 내가 건강하다는 것 하나만으로도 기쁨이라는 것을 안다면, 그렇게 잠 못 들고 슬퍼하기보다 잠 푹 자고 일어나서 무엇이든 실제로 도와줄 일을 찾아보게 될 것입니다.

예를 들어, 내 힘으로는 한 명밖에 도울 수 없는데 도움을 필요로 하는 사람이 열 명이라 할 때, 괴로워하고 무능력한 자기를 탓하기보다는 실제로 도와줄 길을 찾아보는 것이 낫겠지요. 여건이 되는 대로 우선 한 명을 도와도 좋고, 다시 두 명을 도와주고 나아가서는 마음을 크게 내어 다른 일을 그만두고 전적으로 이 일을 할 수도 있습니다. 우선 직장에 다니면서 주말마다 가서 돕든지 그렇지 않으면 직장을 그만두고 그들을 돕는 일에 전념할 수도 있지요. 직장에 다니면서 도우면 한 명을 돕고, 전념해서 하면 열 명을 도울 수 있겠지요.

그런데 생각해 보면 이런 사람이 열 명만 있습니까? 백 명, 천 명 그보다도 더 많이 있기 때문에 또 괴롭습니다. 그러니 한 명을 도울 수 있는 내 능력이 열 명을 도울 수 있는 능력이 되도록 원을 세워 보는 것이 좋습니다. 나아가 원을 더 크게 내면 열 명을 도울 수 있었던 것에서 앞으로는 백 명을 도울 수 있는 힘이 생기고, 또 더 큰 원을 세우면 천 명을 도울 수 있는 힘이 생기기도 하면서 이렇게 길이 열립니다. 내가 지금은 많이 부족하지만 정말 정성을 다하면 원이 성취됩니다. 그것은 내 지극한 정성을 보고 주위 사람들이 감동을 하는 것이지요. 그럴 때 생각지도 않은 일이 일어납니다. 이것이 기적입니다.

이렇게 원을 세우고 원을 성취해 나가는 사람이 보살입니다. 보살은 일체 중생을 구제하겠다고 원을 세운 사람입니다. 보살은 구제할 중생이 많다고 괴로워하지 않습니다. 어떤 상황에서도 보살은 괴로워하는 데 에너지를 쓰지 않습니다. 아픈 마음을 받아들여서 원으로 승화시킵니다.

우리는 부처님의 삶에서 이러한 모습을 실제로 볼 수 있습니다. 부처님은 어린 시절에 작은 벌레들이 새에게 먹히는 것을 보시고 함께 아파하셨습니다. 그러나 슬픔에 빠져서 주저앉지 않고 일체 중생을 구원하겠다는 원을 세워 출가수행을 하셨습니다. 깨달음을 얻은 뒤에 부처님은 불쌍한 중생들이 많음을 보고 걱정하신 게 아니라 할 수 있는 데까지 그들의 고통을 덜어 주기 위해 노력하셨습니다.

　꼴리족과 석가족 사이에 물 분쟁이 일어났을 때, 부처님은 물과 사람 중 무엇이 더 중요한가 깨우쳐 줌으로써 전쟁까지 갈 뻔한 분쟁 사태를 막았습니다. 한편, 코살라국이 석가족을 멸망시키려고 했을 때 부처님은 세 번이나 뙤약볕 아래 앉아서 혼자서 전쟁의 위험을 막았지만 결국 코살라국은 석가족을 전멸시켰습니다. 부처님이 하신 일 중에도 이처럼 해결되지 않은 것이 있었습니다. 해결이 안 됐으니까 부처님도 괴로우셨을까요? 그렇지 않습니다. 오히려 이런 불행이 없는 세상을 만들기 위해서 좋은 법을 전하는 데 전념하셨습니다. 부처님도 당신의 친족 몇 십만 명이 전쟁에서 학살당했을 때 얼마나 가슴이 아프셨겠습니까? 그러나 그것으로 원한을 품거나 슬퍼하지 않으셨습니다. 고통이 없는 세상, 불행이 없는 세상을 위해 굽히지 않는 전법의 길을 걸어가셨습니다. 어려운 것과 괴로운 것은 다릅니다. 그것에 빠지느냐 빠지지 않느냐의 차이가 있습니다. 질문하신 분에게 연민의 정이 있다면, 그들을 보살피는 일을 할 수 있도록 원을 세우세요.

어떤 경계에 부딪히든지 괴로워하는 것은 내 문제입니다. 아파서 누워 있는 사람을 보고 괴로워하는 것도 내 문제입니다. 그 사람은 그냥 누워 있을 뿐이지요. 그 사람이 화를 낸다면 그는 지금 화를 내고 있을 뿐이고, 그 사람이 괴로워한다면 그는 괴로워하고 있을 뿐입니다. 그걸 보고 괴로워하는 것은 내 문제입니다. 이렇게 관점을 바로 가져야 해탈할 수가 있습니다.

수행자는 마음이 편안한 상태에서 힘이 나야 합니다. 이게 보살의 원입니다. 그래서 저희 정토행자들이 날마다 하는 천일결사 십대 과제 중에 첫 번째 과제가 '괴로움이 없는 사람, 자유로운 사람이 되어 이웃과 세상에 잘 쓰인다' 입니다. 세상 사람을 돕는다 하더라도 내가 괴로워한다면 남을 위해 나를 희생하는 것이고, 나는 좋지만 남을 괴롭힌다면 나를 위해 남을 희생시키는 것이 됩니다. 수행은 나도 좋고 남도 좋은 자리이타(自利利他)의 길입니다.

지금 질문하신 분은 세상 사람들이 보면 좋은 마음씨를 가졌다고 하겠지만 수행의 관점에서 볼 때는 자기 연민에 사로잡혀 있다고 볼 수 있습니다. 세상을 외면하라는 얘기가 아니라 자기 연민에 빠지지 말라는 것입니다. 그것은 나를 괴롭히고 남에게도 아무런 도움이 되지 않습니다.

비 오면 우산 쓰고, 더우면 옷 벗으면 되지요.

수험생 아이한테
좋은 엄마가 되려면

고등학교 2학년인 아이가 있습니다. 이제 수험생 엄마가 되는데요. 아이한테는 스스로 알아서 하라고 이야기하지만 아이도 무엇을 전공할지, 어떻게 해야 할지 혼란스러워 하고 있어요. 저 또한 아이에게 무엇이 맞는지 잘 모르겠습니다. 제가 무관심한 탓이라는 생각도 들고 구체적인 고민을 함께하지 않는 것 같아 미안합니다. 어떻게 하면 좀 더 아이와 공감하고 아이한테 도움이 될 수 있을까요?

제 경우엔 우리 어머님이 제 인생 진로에 대해서 어떻게 하라고 얘기해 준 적이 한 번도 없어요. 제가 출가할 때만 말리셨어요. 그런데 그것도 출가하지 않으면 단명한다 하니까 어머니께서는 "아이고, 그러면 스님 아들 삼으세요." 하셨어요. 결국 그것도 반대를 하지 않으신 거지요.

그렇게 좀 놔두는 게 좋아요. 하다하다 안 되니까 너 알아서 하라는 건 외면하는 것입니다. 질문하신 어머니는 본인 뜻대로 안 되니까 너 마음대로 하라는 게 아니라 본인도 몰라서 하시는 말씀이시잖아요. 모르는데 아는 척할 필요는 없지요. 내가 할 수 있는 만큼 따뜻하게 해 주면 그것으로 족합니다.

너무 걱정할 필요가 없어요. 무관심하라는 것이 아닙니다. 내가 할 수 있는 일을 하면 된다는 말입니다. 엄마라고 무엇이든 할 수 있고, 다 아는 건 아니지요. 그러니 엄마의 상황을 이야기하면서 서로 마음을 표현하는 것이 중요합니다.

"엄마도 요즘 새롭게 인생이 뭔지를 공부하고 있단다. 부처님 법 들으면서 내 인생의 주인이 되는 길을 조금씩 찾아가고 있는 중이란다. 내가 살아온 경험으로 보면 어떤 진로를 택하느냐 하는 것은 별로 중요하지 않더구나. 어느 대학을 가고 어느 학과를 가느냐가 그 때는 대단히 중요한 것 같지만 이삼십 년 지나서 돌아보면 그게 그렇게 인생에 중요한 것 같지는 않다. 어떻게 인생을 사느냐? 이게 중요한 거다. 그러니 너 아는 범위에서 성적에 맞는 적당한 학교를 선택하고 네가 좋아하는 몇 개 학과 중에 하나를 선택해서 가거라. 그것 때문에 인생이 크게 바뀔 일도 없고, 학과가 바뀐다고 해서 인생이 크게 바뀌는 것도 아니란다."

저라면 이렇게 이야기해 주겠어요.

대학에서 전공한 것을 사회 나가서 쓰는 사람이 이 세상에 절반이나 됩니까? 안 되지요. 대학 졸업하고 직장 다니다가 나이 사십이 되어서 새로 공부하는 사람도 많습니다. 그렇게 인생을 새롭게 개척해서 사는 사람도 있으니 지금의 문제는 문제가 아닙니다. 편안하게 받아들이세요. 내가 뭘 해 줄 수 있다고 생각하니까 자꾸 힘든 것입니다.

예를 들어서 가정에서 어려운 일이 있을 때 아빠가 아이들을 다 불러 놓고 "아빠가 이번에 실직을 했다. 집안에 이런 손해가 있다. 이런 형편에서 지금까지는 우리가 이렇게 살았는데 앞으로 수입이 줄어드니까 절약해서 살자. 너희들도 이렇게 같이 하자." 하고 의논하는 게 좋습니다. 결정해서 통보하는 것이 아니라 사정을 알리고 함께하도록 말입니다. 그럴 때 오히려 사람들에게는 자발성이 생기지요.

만약 여러분들에게 어떤 어려움이 생겼을 때 아이들을

위한다면서 아이들에게 가르쳐 주지 않거나 알리지 않고 혼자서 끙끙 안고 가면 나중에 자식과 부모가 원수가 됩니다. 나중에 부모 마음에는 '나는 나대로 얼마나 고생하면서 너희를 공부시켰는데.' 하는 생각이 들 것이고, 아이들은 그런 것을 까마득히 모르기 때문에 고마운 줄 모릅니다. 마치 자연이 우리에게 어떤 도움을 주었는지 모르므로 우리가 자연에 대한 고마운 마음이 없는 것과 같습니다. 또 우리가 농부나 노동자들의 노고를 모르기 때문에 그들의 고마움을 모르는 것과 같지요. 여러분, 한국이 얼마나 살기 좋은 나라인지 모르죠? 그래서 불평불만이 많지요. 그런데 여러분들이 인도에 가서 한 달쯤 살아보면 한국에 태어난 것이 얼마나 큰 복인지 알게 됩니다.

모르기 때문에 마음이 그렇게 가는 겁니다. 그래서 야단치지 말고 사정을 알리는 게 필요합니다. 한탄이나 짜증 나는 마음으로, 책임지지 않겠다는 마음으로 불평하는 게 아니라 애정을 갖고 진지하게 나누면 서로 힘이 됩니다. 나 혼자 무거운 책임을 지는 건 좋은 게 아니에요.

정토회 활동을 저 혼자서 다 하고 여러분들은 그저 돈이나 내고 법문이나 듣고 가라 하면 저한테나 여러분한테나 좋은 일이 아니잖아요. 저는 무거워서 힘들고 여러분들은 방관자라 재미가 없을 거예요. 그러나 처음엔 여러분들이 힘들다고 불평도 했지만 지금은 이런 일을 함께 나누어 함으로써 재미있게 잘합니다. 이제 빈그릇 운동 같은 것은 저 없어도 잘하지요. TV에도 여러분들이 나오고 인터뷰도 여러분들이 하고 어디 가서 설명도 여러분들이 합니다. 여러분들도 할 수 있기 때문이죠. 할 수 있는 어떤 일을 개발하는 것이 중요합니다. 지금까지는 환경 교육이라 하면 대학 교수들이 와서 강의를 해야 했지요. 그렇지만 '쓰레기 제로 운동' 같은 것은 여러분들이 훨씬 강의를 잘하잖아요. 책만 보고 아는 지식과 실천하는 활동은 다르지요. 그래서 우리는 우리가 할 수 있는 일을 하는 게 중요합니다.

갑자기 마라톤 선수가 되겠다든지, 백 미터를 십 초 안에 뛰겠다고 하는 것은, 연습하면 물론 가능성은 있지만, 될 확률이 너무 적지요. 그런 것보다는 가능성이 있고 노력하면 할 수 있는 일들을 하는 게 좋죠. 아이들에게도 그런 희망을 주는 게 중요합니다. 의사 되면 좋을까, 판사 되면 좋을까 그런 생각을 하니까 진로를 정하기 어려운 거예요.

아이를 내버려 두는 게 좋습니다. 팽개치는 게 아니라 내가 할 수 있는 일을 하면 됩니다. 그 다음 모르면 모른다고 솔직히 인정하고 "네 인생 개척하는 것은 네 몫"이라고 애기하고 내가 협력할 것은 이런 거라고 얘기하면 돼요. 함께 밥 먹으며 얘기를 나누면서 아이가 이런 저런 걱정을 할때 얘기 상대가 되어 주면 됩니다.

"얘, 인생 살아 보니 꼭 전공이 살려지는 게 아니더라. 살리면 좋지만, 반드시 그래야 되는 건 아니다. 그러니 네 성적에 맞게 네 취향에 맞는 것 중에 선택해서 가거라."

너무 욕심내서 고민하지 말고, 너무 많은 것을 두고 고르려고 하지 말고, 가벼운 마음으로 선택하라고 조언해 줄 수 있죠. 여러분이 공부가 되고 수행이 되면 조언하기가 쉽습니다. 내 얘기를 꼭 들어야 한다고 생각할 필요 없어요. 듣고 안 듣고는 그 사람의 자유니까요. 내가 할 수 있는 선에서 애정을 가지고 진지하게 얘기해 주면 됩니다.

명석해지고
싶어요

어떻게 하면 스님처럼 세상 이치에 밝고 사람 관계에 대해서도 훤히 알 수가 있습니까?

결혼하지 마세요. 결혼은 많은 집착 가운데 으뜸입니다. 그렇다고 이혼해야 한다는 의미는 아니에요. 집착하지 말아야 한다는 겁니다. 우선 사람에 대해서, 사물에 대해서, 그리고 일에 대해서 집착하지 말아야 합니다. 재물에 집착하지 말라는 것이 밥도 먹지 말고 물건도 쓰지 말라는 말은 아닙니다. 그냥 그때 필요한 물건은 쓰고, 음식은 육신을 유지하기 위해서 다만 먹을 뿐입니다. 사람에 대해서도 지위나 명예에 대해서도 집착하지 말아야 합니다.

어떤 자리를 차지하려고 하는 것도 집착이지만 그런 자리를 무조건 안 하려는 것도 집착이에요. 사람들이 필요해서 나더러 회장 맡으라고 하면 "그러죠, 뭐." 하고, 회장 그만두라고 해도 "예, 그러죠." 이렇게 가벼워야 합니다. 그런데 우리는 자기한테 안 돌아오는 자리를 자꾸 잡으려고 하거나, 사람들이 자리를 맡으라는데도 "아이구, 나는 수행하러 왔지 이런 거 하러 온 게 아니다." 하고 발을 뺍니다. 그런 일상사를 떠나서 무슨 특별한 수행이 있는 줄 압니다. 그럴 때, "제가 하는 게 좋다구요? 예, 해 보죠", "아, 내가 하는 게 문제가 있다고요? 딴 사람이 하시죠." 이렇게 하는 것이 집착을 놓는 것이고 그게 수행입니다. 그런데 우리는 수행하러 와서 가볍지 못해요. 내가 하고 싶은 것은 그것이 아니지만 다른 사람이 그렇게 요구하니까 잠시 그냥 하는 거예요. 그리고 갈 때는 가벼이 놓고 갑니다.

어떤 보살님이 자기는 곧 이 곳을 떠날 사람인데 자기가 지금 중요한 일을 맡는 것이 옳은지, 다른 사람에게 넘겨줘야 하는지 모르겠다고 상담을 하셨습니다. 이런 것도 집착이죠. 내가 할 수 있는 데까지 하고, 때가 되면 가면 됩니다. 또 하고 있는 중에도 다른 사람이 할 수 있는 조건이 되면 다른 사람에게 넘겨주어도 되지요.

그런데 다른 사람이 시간이 안 되는데도 그 사람한테 자꾸 하라고 하면 안 돼요. 또 그 사람이 하고 싶어 하는데도 내가 맡아서 붙들고 있어도 안 되지요. 둘러보고 자기가 하는 것보다 딴 사람이 하는 게 좋겠다 싶으면 "당신 하시오. 내 밀어 줄게." 해도 되고 또 자기보다 조금 못한다 해도 장기적으로 이 사람을 키우는 게 필요하다 싶으면 감투를 그 사람한테 주고 내가 뒤에서 밀어 주어야 하는데, 우리는 대부분 명예에 대한 집착이 있기 때문에 자기가 맡으면 어떻게든 잘하려고 하고, 일단 남이 맡았을 때는 협조를 잘 하지 않는 경향이 있습니다. '네가 맡았으니 네가 책임져라. 내가 맡은 것도 아닌데 내가 뭐 때문에…….' 자꾸 이런 생각이 일어납니다. 이건 네 일, 내 일 구분하기 때문에 생깁니다. 우리들이 지향하는 목표만 생각하고 그것이 누구의 이름으로 되느냐에 개의치 않으면 가볍게 할 수가 있습니다.

중생의 습 때문에 좋은 일을 할 때에도 자기도 모르게 집착을 하게 되고 경쟁을 하게 돼요. 얼마나 많은 양을 했다는 것이나 '내'가 했다는 명예 같은 것을 자꾸 염두에 두

게 되지요. 이것이 좋은 일이니까 세상에 알려야 한다는 것 때문이 아니라, 이것을 잘 포장해서 바깥에 알려서 명예를 얻거나 돈을 버는 데 이용하려 합니다. 그렇지 않으면 반대로 이걸 일부러 숨기기도 합니다. 남이 모르게 하는 무주상 보시를 해야 복 받는다고 해서 알리지 않으려는 경우도 있지요. 세상 사람들이 다 좋은 일에 동참하도록 알리기는 하되, 세상 사람의 호응에 대해서는 그 사람들의 판단에 맡겨야 합니다. 그렇게 해야 일에 대해서 집착을 하지 않게 됩니다.

모든 것에 대해서 집착을 놓으면 한 발 떨어져서 보는 것과 같기 때문에 길이 보입니다. 이건 책을 많이 봐서 생기는 것도 아니고 아이큐가 높아서 생기는 것도 아니지요. 그렇게 되면 다른 사람이 볼 때 명석해 보이는 것입니다. 부부 관계에서, 또는 세상의 일에도 명석해 보이는 것은 집착을 놓을 때 길이 훤히 보이기 때문이에요. 오늘날 정치도 마찬가지예요. 정치에 빠져 있으면 정치의 해결점이 안 보여요. 한 발 물러나 있으면 그게 잘 보이지요.

내가 첫머리에서 결혼하지 말라고 한 것은 집착하지 말라는 뜻입니다. 여러분은 결혼할 때에 많이 집착합니다. 많은 사람 중에서 어떤 특별한 사람, 얼굴이 예쁘거나 학벌이 좋은 한 사람을 선택합니다. 여러 가지 이익이나 자기 명예와 관련하여 고르지요. 이럴 때 우리는 꼭 자기 합리화를 합니다. 인생이 그런 거 아니냐 하면서요. 우리는 자기 욕구와 결합한 것을 자꾸 어떻게든 합리화합니다. 먹고 싶으면 그냥 먹고, 하고 싶어서 했다고 얘기하면 되지 남을 핑계 삼을 건 없지요.

집착을 하기 때문에 우리는 현재에 깨어 있지 못하는 경우가 많습니다. 집착이 있을 때는 어리석어집니다. 집착을 떠나면 비교적 밝아집니다.

작은 이익에 집착하는 것은 물고기가 낚싯밥을 물고 쥐가 쥐약을 먹으려는 것과 같습니다.

평생 키운 회사를 처분하려니

제 남편은 지금 70대 초반인데, 30년 전 작은 회사를 세워 성실하게 키워서 안정된 운영을 하였습니다. IMF 때도 별 어려움 없이 잘 넘겼어요. 이제는 사업을 정리하기로 결정하고 처분하려 하는데 여의치 않습니다. 마음고생은 말할 것도 없고 심장도 나빠졌고, 간도 암일 가능성이 높다는 진단까지 내려졌습니다. 공장 규모가 크고 금액도 커서 정리하기 어려워 노심초사하는 남편을 보고도 아무 도움을 줄 수 없는 것이 안타깝습니다. 지난 해 처분할 수 있는 기회가 한 번 있었으나 가격이 안 맞아 결정을 못 한 것을 후회하고 있습니다. 더욱이 저는 스님 법문을 많이 들었기 때문에 잘살 줄로 생각했는데, 막상 현실에서 내 문제로 닥쳐오니까 대책 없이 흔들립니다. 그런 제 모습이 너무 실망스럽고 슬픕니다. 어찌할 바를 모르겠습니다. 남편과 제가 함께 편안해질 수 있는 방법을 알고 싶습니다.

제가 보기에는 크게 고민할 문제가 아니에요. 본인한테는 큰 문제인데 다른 사람들이 보기에는 큰 문제가 아니라는 거지요.

어떤 분이 상담을 왔는데 울고불고 하면서 이런 이야기를 해요. 흙을 가지고 작은 예술품을 10년간 정성을 들여서 만들었대요. 그런데 그 작품들이 진열되어 있던 사무실이 홍수로 물에 잠겼답니다. 그때 진열해 놓은 작품이 물에 잠기는 바람에 그 모든 게 흙반죽이 되어 버렸어요. 그렇게 되니까 충격이 너무 컸던 거예요. 그래서 저한테 와서 하소연했는데 얘기를 다 들은 다음, 제가 그랬어요.

"보살님은 똥 누고 난 뒤에 그 똥을 개가 먹으면 아까워서 땅을 치고 웁니까, 안 웁니까?"

"똥이야 개가 먹건 말건 상관없지요."

"그게 왜 상관없는 일이에요? 모락모락 김 나는 똥을 한 무더기 만들려고 얼마나 많은 애를 썼는지 한번 생각해 봐요. 밥 지어야지, 반찬 만들어야지, 떠서 입에 넣어 가지고 꼭꼭 씹어야지, 뱃속에서 소화시켜야지. 이렇게 똥 한 무더기 만드는 데 드는 노고가 이루 말할 수가 없잖아요? 그렇게 만들어 놓은 것을 누가 먹어 버린다면 얼마나 괴롭겠어요?"

"그런 일로 왜 괴로워해요?"

우리가 그렇게 만들어 낸 똥을 누가 먹든 신경 안 쓰는 이유는 그것을 만드는 과정에서 이미 필요한 이익을 다 가져왔기 때문이지요. 음식을 만들 때는 만드는 재미, 먹을 때는 먹는 재미, 그리고 소화시키면서 몸에 필요한 에너지까지 다 뽑아 썼잖아요. 그러니 먹고 남은 찌꺼기를 누가 가지고 간들 상관없지요.

그와 마찬가지로 그 작품은 놀고 남은, 먹고 남은 똥이다 이 말이에요. 그거야 뭐 물에 씻겨 내려가든 누가 가져가든 돈을 주고 사 가든 무슨 상관이겠어요? 똥도 개가 먹는 것도 있고 아무도 안 가져가서 버려질 때도 있고 또 누가 거름 한다고 돈 주고 사갈 때도 있잖아요. 이 사람이 10년간 모아둔 조각품은 한 마디로 똥이고, 인생을 살고 남은 찌꺼기예요. 그 찌꺼기에 집착하는 것은 바보 같은 짓이에요.

공장은 똥이에요. 30년간 그걸 운영하면서 사장의 지위도 갖고, 거기서 나온 수입으로 생활도 하고 그걸 가지고 인생을 누렸잖아요. 그건 살고 남은 찌꺼기예요. 공짜로 줘도 하나도 아까울 게 없어요. 30년간 잘 갖고 놀았잖아요. 공짜로 줘도 상관없는 것을 마침 누가 얼마라도 주고 사겠다고 하면 고맙다 하고 팔아도 되고, 더 갖고 놀고 싶으면 그냥 더 갖고 놀아도 돼요. 그러니까 그런 찌꺼기를 자기 평생을 바쳐 만든 성과물이라고 생각하는 게 문제예요.

인생은 매사를 어떻게 바라보느냐에 따라 괴로울 수도 있고 즐거울 수도 있어요. 이것만 해결이 되면 고민거리가 아니에요. 아이도 어릴 때는 인형 갖고 놀거나 자동차 갖고 놀지만 크면 버리잖아요. 아무리 좋아했던 장난감이라도 다른 장난감이 생기면 그냥 버리잖아요.

이 공장이 있음으로 해서 30년 동안 먹고 입고 살고, 부와 지위까지 얻었으니까 이 공장에 대해 감사해야 해요. 정말 보살 마음이라면 얼마 받고 공장을 팔까 고민하는 게 아니라, 공장을 가장 잘 운영할 사람에게 줘야 해요. 이왕 똥을 버릴 바에야 개가 먹는 게 좋죠. 오물이 되는 것보다 개의 양식이 되는 게 좋고, 또 밭에 거름이 되어서 유용하게 쓰이는 게 좋지요. 그런데 냇물에 버리면 물을 오염시키잖아요. 그처럼 공장이 잘 쓰이게 해야 합니다. 그런 관점을 가지고 정말 잘 쓸 사람을 찾아보세요. 그런 사람에게는 기본 자금만 받고 나머지는 달마다 얼마씩 달라고 해도 되지요. 그럴 경우에는 못 받을 것도 각오해야 해요. 그렇게 하면 지금 연세가 70이시니까 90까지 산다 치고 20년간 먹고살 수 있잖아요. 사람이 중요하지, 돈을 얼마 받을 것인가가 중요한 게 아니에요. 욕심이 없으면 사람이 눈에 보여요. 관점을 달리 해서 보시면 좋겠습니다.

그리고 질문하신 분 자신은 사실 지금까지도 남편이 운영을 어떻게 하든 내가 상관을 안 했듯이 이번에도 알아서 하시게 내버려 두는 것이 좋습니다. 남편이 머리 아프니까 자기도 따라 머리 아파 하면 남편에게 무슨 도움이 됩니까? 두 사람 다 머리 아픈 게 나아요, 한 사람 머리 아픈 게 나아요? 덩달아 괴로워하는 건 바보 같은 짓이에요. 그것은 보살심이 아니에요. 남편이 머리 아프면 내가 병원에 데리고 갈 힘이라도 있어야 하는데, 둘 다 머리 아프면 누가 데리고 갑니까? 그 공장 문제에 대해서는 해결해 주려고 하지 말고 남편을 믿고 지켜보기만 하세요. 그리고 법문을 들려주거나 위로해 주거나 짜증낼 때 받아 주는 식으로 옆에서 보살펴 줄 수 있도록 해 보세요.

살고 죽는 것도 마찬가지예요. 몸이 알아서 하게 두세요. 늙는 것은 자연적인 현상이지 내가 늙기 싫다고 해서 늙지 않을 수 있나요? 내 몸뚱이도 내 맘대로 안 되는데 세상을 어떻게 내 맘대로 할 수 있겠습니까?

몸에 대해서 걱정하는 사람이 많은데 몸이 늙는 것은 가만 내버려 두고 보면 쉽습니다. 가만 놓아두고 자기가 달라고 하는 대로 해 주면 돼요. 배고프면 밥 달라고 몸이 난리를 피우죠. 그때 주면 돼요. 그런데 달라고 한 만큼 안 주고 더 먹는 게 문제지요. 그건 몸이 달라는 게 아니고 혓바닥이 맛에 집착해서 생긴 문제예요. 또 달라는 대로 다 해 줄 필요도 없어요. 조금 애먹여 가면서 늑장을 부리고, 100을 달라고 하면 80만 주고, 잠도 다섯 시간 자자고 해도 네 시간만 재우면 다른 번뇌가 안 일어납니다. 잠이 부족해서 잠 좀 더 자는 것만이 소원일 때는 다른 번뇌가 안 생겨요. 시간도 남고 돈도 있고 잠도 안 오면 온갖 번뇌가 생깁니다. 부족한 게 좋아요. 항상 모자란 게 좋아요. 밥도 조금 부족하게 먹는 게 좋고 돈도 조금 없는 게 좋아요. 그저 원하는 대로 마음껏 돌아가면 좋은 게 하나도 없어요. 그런 마음으로 문제를 바라보세요.

법륜스님의 즉문즉설 卽問卽說

절에 가서 마당 쓸어 놓은 것을 보면 빗자루 테가 가지런해서 아주 아름답습니다. 마당을 쓸 때 마당을 쓰는 자기 마음을 관찰하면서 쓸기 때문입니다. 절에서 뛰지 말라고 하는 것도 자기가 움직이는 상태에 깨어 있으라는 말입니다. 뛴다는 것은 마음이 급해서 자기 상태에 자기가 깨어 있지 못한 것입니다.

3부
저도 깨달을 수 있을까요?

잘 때는 잠만 자야 합니다. 잠자라고 있는 시간이니까 그때는 잠자는 게 수행입니다. 그 시간에 잠 안 자고 이런 저런 생각을 하는 것은 노력이 아니고 번뇌 망상입니다. 밥 먹을 때는 밥만 먹고 똥눌 때는 똥만 누는 그것이 바로 수행입니다. 일상생활을 떠나 수행이 따로 있는 것이 아닙니다.

명심문을 가지고
기도한다는 것은 어떤 의미인가요?

'명심문'이 뭔지 궁금합니다. '잘 쓰입니다'라는 명심문으로 기도하라는데 어떤 의미일까요?

명심문은 절할 때만 쓰는 게 아니고 생활할 때 항상 마음에 새겨야 하는 것입니다.

절에 신발을 벗고 들어갑니다. 앞사람들이 신발을 막 벗어 놓으면 뒤에 온 사람들은 신발을 멀리 벗어 놓고 땅바닥을 딛고 가야 하잖아요. 그럴 때 신발을 좀 당겨서 정리해 놓으면 가지런하기도 하고 나중에 나갈 때 뒤에 온 사람이 신발 신기가 쉽지요. 그럴 때 그냥 무심히 지나가다가 명심문이 딱 생각나면서 '아! 지금 쓰일 때가 왔구나!' 하게 되지요. 그래서 자기 신발만 잘 벗는 게 아니고 남의 신발을 가지런히 정리하게 되지요. 이게 잘 쓰이는 것입니다.

평소에는 귀찮아서 생각이 났다가도 그냥 지나칩니다. 명심문을 가지고 꾸준히 아침저녁으로 절을 하면서 하루를 돌아보면 '아, 아까 내가 충분히 할 수 있는 일이었는데 안 했구나.' 하고 자기를 돌이키게 되지요. 이렇게 명심문을 마음에 새기고 기도하면 어떤 순간에 그것이 작용을 해서 명심문대로 하게 되는 것이고, 놓쳤을 때는 자신을 돌아볼 수 있는 힘을 갖게 만듭니다. 그러니까 절을 하면서 '잘 쓰입니다.'라고 했을 때 '아, 어제 내 발에 걸려서 애가 넘어졌는데 귀찮아서 그냥 지나가 버렸다. 그때 내가 잠깐 멈춰 서서 일으켜 줬으면 좋지 않았을까?' 이렇게 자기를 돌이켜보는 힘을 갖도록 만들지요.

혹시 그렇게 못 했다 해도 '나라는 사람은 문제야.'라고 생각하는 게 아니라 '아! 내가 놓쳤구나.' 하고 다시 돌이키면 됩니다. 다음에 그런 기회가 오면 바로 하면 됩니다. 평소 기도하지 않고 그냥 생각만 하고 있기 때문에 우리는 기회가 와도 그렇게 잘 안 됩니다. 평소에 명심하고 있으면 열 번 놓쳤다가도 한 번 쯤은 그 순간에 탁 생각이 나고 외면하던 마음이 바뀌면서 바로 행하게 됩니다. 놓쳤을 때도 '아! 놓쳤구나.' 하고 알아차리면 다음에 놓치지 않게 될 가능성이 높아집니다. 그래서 명심문을 마음에 새기면서 기도를 하는 것은 그냥 머릿속으로 '잘 하겠습니다. 잘 하겠습니다.' 하고 외면서 하는 것과는 다릅니다.

그런데 우리는 잘못해 놓고도 스스로 합리화하는 경우가 많습니다. 아니면 '아, 내가 또 잘못했구나. 나는 왜 이럴까. 나는 안 돼.'라고 자책하는 경우가 있어요. 합리화해서도 안 되고 자책해서도 안 됩니다. 다만 놓쳤을 때는 '내가 놓쳤구나, 짜증을 냈구나.' 하는 걸로 끝내야 합니다. 놓쳤다는 것을 알아차렸으면 다음에는 안 놓쳐야겠다고 마음을 내면 됩니다. 남을 학대하는 것과 자기를 학대하는 것은 같은 것입니다. 자기 이익을 위해서 남에게 손해를 끼치는 행동을 세상에서는 나쁘다고 합니다. 반대로 남을 위해서 자기를 학대하거나 자기를 희생하는 것은 아주 훌륭하다고 합니다. 그러나 그것은 수행이 아닙니다. 어차피 그것도 자기를 해치는 일입니다.

수행은 남도 이롭게 하고 자기도 이롭게 하는 것입니다. "저 사람은 왜 저래? 왜 저런지 모르겠어."라고 불평을 하면 그 사람을 해치는 것 같지만 나도 해치는 것이 됩니다. 그렇게 말할 때 내 속이 답답해지지요. 그런데 '아! 그릴 수도 있겠다. 날씨가 더워서 순간적으로 짜증이 날 수 있겠네.' 하고 그를 이해하면 그에게도 좋지만 나에게도 좋습니다. 내 마음이 편안하니까요. 그러나 '아이고, 저 사람을 위해서 내가 참아야지.' 하고 생각하면 언젠가는 터져 버립니다. '나는 그렇게 널 위한다고 했는데 너는 내 마음도 안 알아 준다.'라고 원망하는 마음이 쌓이다가 결국 나중에 싸우게 되지요.

남을 위해서 자기를 희생하는 것을 이 세상에서는 훌륭하다고 하지만 그것은 수행이 아닙니다. 수행은 자기도 남도 희생하지 않는 것입니다. 즉 남을 위하는 것이 곧 자기에게 이롭다는 것을 아는 사람이 수행자라는 말이지요. 그대로 남을 위하는 것이 곧 나에게 좋고 내 일이라는 것을 알아야 합니다. 이렇게 생각이 바뀌어야 합니다.

그러니까 신발을 가지런히 정리하면서 '나는 좀 힘들지만 저 사람들에게 좋은 일이다.'라고 하는 수준이면 세상에서는 칭찬 받는 사람입니다. 그런데 이런 경우가 반복되면 '왜 나만 정리해야 해? 저 사람들은 손이 없나 발이 없나!' 짜증이 나서 나중에는 하지 않게 됩니다. 그리고 남이 보면 하고 안 보면 안 하려고 하지요. 그런데 그 순간에 내가 할 수 있는 일이 있기 때문에 '아! 일거리가 생겼어. 신발을 정리해야지.' 하고 그것이 나한테 즐거움이 되면 보살이 되는 것입니다. 남을 이롭게 하는 것이 곧 나를 이롭게 하는 것입니다. 그러니까 '잘 쓰이겠습니다.' 라는 명심문은 보살의 길을 가라는 겁니다. 쓰이는 것에서 내가 기쁨을 얻습니다. 귀찮은데 억지로 하는 게 아니라, 이 순간 가만히 있는 것보다 이렇게 할 수 있다는 것이 더 재밌는 것이지요. 그렇게 자신의 의식을 바꿔 나가야 합니다.

여러분 생활 속에서 이런 경우를 흔히 볼 수 있지요. 내가 저 남자를 좋아하거나 저 여자를 좋아합니다. 나는 편지를 세 번 썼는데 상대는 한 번도 안 썼어요. 나는 선물을 몇 번 했는데 상대는 한 번도 안 줬어요. 내가 커피 값을 세 번이나 냈는데 상대는 한 번도 안 냈어요. 이런 것 때문에 좋아하면서도 미워하는 마음이 늘 같이 있어요. 좋아하던 사람을 미워하면 원수가 됩니다. 이것은 상대를 미워하는 데서 끝나는 게 아니라 나를 학대하는 겁니다. 왜냐하면 그 나쁜 인간하고 연애한 자신도 별 볼일 없는 인간이 되니까요. 그러면 3년간 허송세월을 한 게 됩니다. 이게 자기 인생을 학대하는 것입니다.

설령 그 사람이 나 아닌 다른 사람과 결혼했다 하더라도 감사하는 마음을 가져야 합니다. '오죽 답답했으면 그렇게 했겠나.'라고 이해할수록 나에게 좋습니다. 오히려 누가 "야, 그 여자 고무신 거꾸로 신다니 나쁜 여자야!"라고 말하거나 "왜 헤어졌는데?"라고 물으면 "아니야, 참 좋은 사람이야. 내가 좀 문제여서 그래." 이렇게 하는 것이 좋습니다. 이것이 그 사람을 두둔하는 것 같지만 그렇지 않습니다. 이것은 나를 좋게 만드는 겁니다. 왜냐면 그래도 괜찮은 사람하고 연애했으니까 나도 괜찮은 사람이지요.

이렇게 자기를 아름답게 가꿔 나가야 합니다. 이것을 터득하지 못하면 죽을 때까지 늘 불평불만 속에서 삽니다. 늘 좋게 만났다가 원수가 됩니다. 결혼해서 남편하고 원수 되고, 아내하고 원수 되고, 또 자식 낳으면 자식하고 원수 되고, 낳아 준 부모를 원망하고, 학교에 다니면 교수를 비판하지요. 늘 마음에 불평불만이 가득 차 있는 것입니다. 이게 바보 같은 인생입니다.

그런데 사람들은 이게 똑똑한 사람이라고 생각합니다. 이건 헛똑똑이입니다. 쥐가 쥐약 먹는 꼴이지요. 제 딴에는 맛있다고 달려들어 먹지만 조금 후에는 후회하며 고통스러워 합니다. 그래서 기도가 필요합니다. 기도는 뭐 해 달라는 것이 아닙니다. '아! 내가 나를 학대하고 있구나, 내가 나를 괴롭히고 있구나' 하고 어리석은 자기를 깨닫고 자기를 아름답게 가꾸어 나가는 게 기도입니다. 남을 이해하면 할수록 내가 편안하고 남을 좋아하면 할수록 내가 좋습니다. 이것을 미리 알면 자기를 행복하게 가꿔 나갈 수 있습니다.

그래서 잘 쓰이는 것이 잘 사는 길입니다. 컵에 물을 담는데 물이 새면 못 씁니다. 그러면 '이 컵 명 다했다'고 합니다. 빗자루가 낡아서 먼지가 안 쓸리면 '이 빗자루 명 다했네', 기계 쓰다가 못 쓰면 '이 기계 명 다했다.' 이렇게 말합니다. 명(命)은 목숨, 생명이라는 의미입니다. 쓰임새가 있는 걸 생명이라 하지요. 쓰임새가 없으면 생명이 다한 겁니다. 그러니까 잘 쓰인다는 것은 잘 산다는 것입니다. 쓰이기를 거부하는 것은 자기가 죽겠다는 겁니다.

벽돌이 공사장에서는 건축 자재로 쓰이는데 밭에 있으면 쓸모가 없습니다. 똥이 법당에 있으면 오물이 되지만 밭에 가면 거름이 됩니다. 법당에서는 쓰임새가 없고 밭에서는 쓰임새가 있기 때문입니다.

이것이 연기법입니다. 연기는 이것이 있으면 저것이 있다는 것이지요. 학생이 있어야 선생님이 있지요. 학생이 없으면 선생님은 없어요. 배우는 사람이 있을 때 가르치는 사람이 있는 것입니다. 그래서 여러분들이 버스 타면 승객이고, 집에 오면 딸이고, 학교 가면 학생이고, 절에 오면 신도고, 이렇게 늘 인연을 따라 이렇게도 되고 저렇게도 되는 것이지요. 이런 이치를 깨치면 인생살이가 편해요.

먼저 이런 이치를 이해해야 하는데 이해해도 현실에서는 잘 실행이 안 됩니다. 그래서 연습이 필요합니다. 자전거를 배울 때도 처음에는 잘 안 되지요. 그러니까 연습이 필요합니다. 연습이라는 것은 넘어진다는 뜻이지요. 넘어지는 게 곧 탄다는 이야기입니다. 그러니까 넘어진다고 좌절하면 안 됩니다. 안 되는 게 곧 되는 것이지요. 안 되는 과정이 몇 번 반복되면서 되는 과정으로 가는 것입니다. 그래서 '잘 쓰이겠다'고 해도 실제로는 잘 안 되지요. 안 되기 때문에 연습을 하는 것입니다. 하고 또 하고 연습하는 겁니다. 연습이 수행입니다.

이해해서 이치를 알아야 합니다. 그리고 연습하고 나중에 되도록 해야 합니다. 이것이 바로 체득입니다. 믿고, 이해하고, 실천하고, 체득해야 합니다. 처음에는 넘어지지만 나중에는 탈 수 있어야 합니다. 그래서 인생을 자기가 운영해야 하지요. 자기가 주인이 되어야 합니다. 이게 수행입니다.

수행은 현재에
깨어 있는 것

목탁은 언제부터 생겼나요? 그리고 목탁은 언제, 왜 치는지 궁금합니다.

목탁은 부처님께 공양을 올리거나 대중에게 뭔가를 알릴 때 소리 내는 기구로 사용하는 것입니다. 즉 시간을 알리기 위해서 치는 종이나 북 같은 것이라고 생각하면 되겠습니다. 그리고 목탁은 주로 중국, 한국, 일본에서 사용하고 있습니다. 목탁의 원형은 나무로 만든 물고기 모양의 기구, 즉 목어입니다. 이것이 지금 우리가 사용하고 있는 목탁 모양이 됐습니다. 지금도 큰 절에 가면 종을 치고, 북을 치고, 목어를 치고, 운판을 칩니다. 종, 북, 목어, 운판을 사물(四物)이라 하고 아침 예불할 때 반드시 이것을 칩니다.

종은 지옥 중생을 구제하는 소리, 북은 육지에 있는 짐승들을 구제하는 소리, 목어는 물고기들을 구제하는 소리, 운판은 날짐승들을 구제하는 소리라고 합니다. 이러한 소리로 만생명에게 부처님의 법을 전한다는 의미입니다. 그러나 지금은 이것을 부처님께 예불하기 전에 올리는 하나의 소리 공양이라고 이해하면 되겠습니다.

목탁의 유래에 대해서는 여러 가지 이야기가 있는데, 조는 사람을 깨우기 위해서 목탁이 생겼다는 설이 있습니다. 옛날에 한 스님이 법문 시간에 늘 졸았는데 죽어서 물고기가 됐습니다. 그래서 그것을 경계하기 위해 나무로 물고기 모양을 만들어 두들겼다는 것입니다. 이렇게 목탁은 물고기 모양의 목어를 만들어서 소리를 내도록 하던 것이 변하여 일상적으로 치는 지금의 목탁으로 만들어졌습니다.

갑자기 모이라고 하는 비상 집합 목탁을 칠 때는 길게 세 번 칩니다. 목탁 소리를 크게 시작해서 천천히 점점 내려서 치는데 이렇게 세 번 되풀이합니다. 세 번 치면 어디서 무엇을 하든 그대로 두고 모여야 합니다. 그 다음에 한 번만 치면 밥 먹을 시간입니다.

절에서는 원래 말을 많이 하지 않습니다. 아침에 잠을

깨울 때도 문을 두드리면서 잠을 깨우지 않습니다. 아침에 한 사람이 일찍 일어나서 사람들을 깨우는 도량석을 돕니다. 도량을 돌면서 염불하는 것을 도량석이라고 하는데 도량의 구석구석을 돌면서 염불을 하면 그 소리를 듣고 사람들이 알아서 일어납니다. 사람들은 일어나면 각자 이불을 개고 세수를 하고 법당에 가서 방석을 깔고 앉습니다. 예불 올릴 준비를 하는 것이지요.

예불할 때에는 오는 순서대로 앞에서부터 앉습니다. 나갈 때는 뒤에서부터 나갑니다. 들어올 때 신발을 왼쪽에서 오른쪽으로 차례대로 벗어놓고 법당에 들어온 순서대로 죽 앉습니다. 나갈 때는 뒤에서부터 차례대로 나가 신발이 이빨 빠지듯이 빠지는 법이 없습니다. 군대처럼 명령을 안 해도 조로록 왔다가 조로록 나갑니다. 그래서 기러기 같다고 말합니다.

왜 이렇게 하겠습니까? 수행의 요체가 현재에 깨어 있는 것이기 때문입니다. 교리를 많이 아는 것이 수행이 아니라 지금 이 시간에 늘 자기 자신에게 깨어 있는 것이 수행입니다. '네 발 밑을 보라'(照顧脚下)는 것도 그런 뜻입니다. 절에서는 늘 댓돌에 신발이 가지런히 놓여 있습니다. 신발이 흩어져 있다는 것은 깨어 있지 못하다는 것이지요. 방에 들어가려고 신발을 벗을 때는 신발 벗는 것에 깨어 있어야 하는데, 생각이 방에 먼저 들어가 버리면 자기도 모르게 신발을 아무렇게나 벗게 됩니다. 따라서 신발을 가지런히 벗는 게 수행이 아니라, 신발을 벗을 때 자기가 그 상태에 깨어 있기 때문에 신발이 가지런해질 수밖에 없는 것이 수행입니다.

절에서 청소를 깨끗이 하는 것도 깨끗한 것이 좋기 때문만은 아닙니다. 걸레질하는 사람이 딴 생각을 하지 않고 걸레를 쥐고 닦을 때 그 상태에 자기가 깨어 있으면, 바닥에 뭔가 눌러 붙어 있는 것을 그냥 지나치는 법이 없기 때문입니다. 수행이 따로 있는 것이 아니라 청소를 하거나 밥을 하거나 방석을 놓거나 자는 것이 다 자기에게 깨어 있도록 하는 수행이 됩니다.

밥 먹을 시간이 되어 목탁 소리가 나면 조용히 하던 일을 멈춰야 합니다. 그런데 우리는 목탁 소리가 났는데도 안 일어나고, 목탁 소리를 듣고도 청소하지 않고, 목탁 소리를 듣고도 하던 일을 계속합니다. 수행은 그렇게 하는 것이 아닙니다. 청소할 시간이 돼서 목탁 소리가 나면, 하던 일을 멈추고 청소하고, 청소하다가도 식사 시간을 알리는 목탁 소리가 나면 그냥 탁 놓아 버려야 합니다.

하던 일을 계속하는 것은 일을 열심히 하는 것이 아니라 습관을 못 버리는 집착일 뿐입니다. 밥 먹을 때가 되면, 다른 사람들과 함께 밥을 먹어야 합니다. 그리고 식사가 끝나고 나서 일을 마저 해야 합니다. 이런 것이 다 자기 자신에 깨어 있는 것입니다.

잘 때는 잠만 자는 게 수행입니다. 아침에 목탁 소리가 들리면 바로 일어나는 것이 수행입니다. 밥 먹을 때는 밥만 먹고 똥눌 때는 똥만 누는 그것이 바로 수행이지 수행이 따로 있는 것이 아닙니다.

자기가 인생의 주인이라는 것을 잊어서는 안 돼요.

소원을 빌면서
절하면 좋은 일이 생깁니까?

아침마다 기도를 하고 있습니다. 기도할 때 자기가 원하는 바를 내세우면서 백팔배 하는 것이 좋은지 궁금합니다.

사람은 누구나 다 원하는 게 있습니다. 이건 이렇게 되었으면 좋겠다, 저건 저렇게 되었으면 좋겠다, 이 사람은 이렇게 되었으면 좋겠다, 저 사람은 저렇게 되었으면 좋겠다 등 늘 바라는 게 많습니다.

버스 타러 가서는 버스가 바로 왔으면 좋겠다, 타고 나면 내가 앉을 자리가 있으면 좋겠다, 시간 맞춰 좀 빨리 갔으면 좋겠다 등 늘 바라는 게 있습니다. 우리는 이렇게 대부분 바라는 것에 따라서 움직입니다. 이것을 욕구라고 하기도 하고, 욕망이라고도 부릅니다. 자기가 바라는 것이 이루어질 때가 있습니다. 그땐 기분이 아주 좋죠. 그런데 안 될 때도 있습니다. 그럴 땐 기분이 좀 나쁘죠. 그런데 안 될 때가 더 많습니다. 그래서 인생은 즐거움보다 괴로움이 더 많습니다.

원하는 것이 안 될 때가 더 많은 건 왜일까요? 예를 들어 차 타고 갈 때에는 길 막히지 않았으면 좋겠다는 바람을 가지게 되지요. 길이 막히는 시간에 안 막혔으면 좋겠다는 생각이 일어납니다. 한산한 새벽 시간에 나오면서 길이 안 막혔으면 좋겠다는 생각이 나지는 않지요. 주말이나 출퇴근 시간에, 갑자기 어디에 갈 일이 있을 때, '오늘도 길 막혀서 늦겠다. 길만 탁 뚫리면 늦지 않게 갈 텐데.' 이렇게 바람이 일어납니다. 막히는 시간에 좀 막히지 않으면 좋겠다는 생각이 일어나니까 막힐 확률이 높죠. 공부를 잘하는 아이를 두고 우리 아이 공부 잘했으면 좋겠다는 생각이 일어나지 않죠. 공부 못하는 아이 보면서 잘했으면 좋겠다는 생각이 일어나지요. 그래서 바라는 것은 하나하나 따져보면 안되는 경우가 대다수입니다. 그래서 우리는 기분이 상쾌하기보단 언짢을 때가 많아요.

우리가 바라는 것이 이루어지는 경우는 드물어요. 그런데 바라는 강도가 크면 이루어지지 않았을 때 괴로움이 크고, 바라는 강도가 약하면 괴로움이 작지요. 그러므로 괴로움은, 원하는 것이 이루어지지 않았기 때문이라기보다는 바라는 마음 때문에 생긴 것이지요. 길이 막히면 버스가 늦기도 하고, 기사가 좀 빨리 가면 일찍 도착하기도 하는 것입니다. 내가 그 생각을 하든 안 하든 일어나는 일인데, 그걸 가지고 '빨리 갔으면, 늦게 왔으면' 하고 생각을 일으키고 기대를 합니다. 우연히 맞아떨어지면 내가 원하는 대로 됐다고 기뻐하지만, 그건 내가 원했기 때문에 된 것이 아니지요. 빨리 왔으면 좋겠다고 바라지 않아도 버스는 올 때 되면 오는 겁니다.

원하는 바는 사람마다 다르고, 또 상황 따라 그때 그때 달라지지요. 금방 비가 왔으면 좋겠다고 했다가, 또 금방 맑았으면 좋겠다고 했다가 사람 마음이 죽 끓듯 한다고 하잖아요. 그러니 해탈의 길은 일어나는 마음을 따라 집착하지 말고 마음이 일어나는 것을 보고 다만 '이런 마음이 일어나는구나.' 하는 겁니다.

나무를 심으면서, 물은 주어야 되겠고 물주기는 싫어서 비가 왔으면 좋겠다는 생각이 일어납니다. 그 순간 '이런 마음이 일어나는구나.' 이렇게 그냥 볼 뿐입니다. 한 생각 일어난 것에 집착하면, 즉 비가 내려야 한다고 생각하니까 비가 안 오면 괴로워집니다. 그저 이런 생각이 일어나는구나 하고 내버려 두라는 것이지요.

그런데 우리는 자꾸 그것을 붙들고 집착합니다. 그래서 인생이 괴로워집니다. 기도할 때 '이거 해 주세요, 저거 해 주세요.' 하는 것은 욕구를 따라가는 것이지요. 그것은 괴로움에서 벗어나는 길이 아닙니다. 해탈의 길이 아닙니다. 잡고 있다가도 기도할 때는 탁 놔 버려야 그게 기도입니다. 그런데 평소엔 가만히 있다가도 기도할 때 도로 잡지요. 그런 것은 올바른 수행이 아닙니다.

다만 자신의 의지를 굳건히 하기 위해서, 다짐을 굳히는 공부를 할 때는 바람을 분명히 하고 신념을 굳건히 하기 위해 원하는 것을 내세울 수는 있습니다. 그러나 그것은 괴로움에서 벗어나는 해탈의 수행법은 아닙니다.

복 비는 것이
기도가 아니라면

기복 신앙은 어리석다고 들었습니다. 그러면 부처님의 가피력은 어떤 것일까요? 개인적인 소원이든 통일이든 자신이 할 수 있는 만큼 최선을 다해서 부처님께 기도하며 이루어지길 바라는데 기도의 진정한 의미를 알고 싶습니다.

이 세상 사람은 누구나 다 바람이 있습니다. 바람이 있으니까 이렇게 열심히 일을 하는 거 아니겠어요. 바람이 다 나쁜 것은 아닙니다. 바라는 게 있으면 그 바람을 이루기 위해 큰 노력을 해서 결과를 만들어야 되겠지요. 그런데 노력은 하지 않고 결과만 바라는 게 헛된 욕심이에요. 그런 식으로 할 때 기복신앙이라고 합니다.

부부 사이에 갈등이 생겼을 때, '왜 갈등이 생길까?

아! 내가 나를 고집할 때 생기는구나.' 하고 알아서 자기를 내려놓고 상대를 이해하고 맞추면 해결 불가능해 보이던 갈등이 해결됩니다. 그게 부처님의 가피입니다. 부처님의 가르침에 따라서 내가 그대로 마음을 써 봤더니 태산을 옮기는 것보다 더 불가능해 보이던 일이 이루어졌다면 이것보다 더한 가피가 어디 있겠습니까? 그런데 남편을 고쳐서 내가 좀 편해지려고 하는 것은 어리석은 짓입니다. 그런 것이 이루어졌다고 부처님의 가피라고 한다면 불교도 다른 종교와 다를 바 없습니다.

사람이 자기가 원하는 것에, 설령 그것이 돈이든 사람이든, 거기다 지극히 정성을 쏟으면 원하는 것이 이루어집니다. 좋아하는 사람이 있어서, 몇 번 이렇게 저렇게 해 보다 안 된다고 짜증을 내거나 화를 내면 누가 좋아하겠어요. 그렇지만 십년 동안 한결같이 정성을 쏟으면 사람이 감동을 하지요. 얼굴도 못 생겼고 키도 작고 성질도 나쁘다고 해서 쳐다보지도 않았는데, 지극 정성으로 일 년도 아니고 이 년도 아니고 십 년 정성을 쏟는 것을 보면 마음이 움직이지요. '아이고, 저렇게까지 하는데 내가 이렇게 해서 되겠나.' 이렇게 사람 마음이라는 게 움직이게 됩니다. 그렇게 정성을 쏟으면 사람이 감동하여 변화가 생깁니다.

대부분 사람들은 돈을 벌기 위해서, 복을 구하기 위해서 절에다 돈을 보시하지요. 그런데 정토회에서는 큰 절을 갖고 있는 것도 아니고 조그마한 빌딩 얻어서 활동하는데, 국제 기아, 질병, 문맹 퇴치 기구인 JTS 1년 예산이 20억 원이 넘어요. 절 짓는 예산이 아니고 남을 돕는 데 쓰는 돈이 그만큼입니다. 그 돈이 다 어떻게 들어올까요? JTS가 하는 활동을 보거나 활동 모습을 담은 비디오를 보고 감동하면, 옷 사려고 모아 놨던 돈도 차 바꾸려고 모아 둔 돈도 다 보시합니다. '에이, 입던 옷 그냥 입고 저기나 줘야지.' 이런 마음이 감동 아니겠습니까? 마음에 감동이 오면 그렇게 됩니다. 정성이 있어야 감동이 있어요. 그래서 옛날부터 지성이면 감천이다, 지극한 정성은 하늘도 감동한다고 말하잖아요.

이런 감동이 오도록 하는 것이 기도입니다. 감동이 오도록 기도를 해야 하는데 우리는 그렇게 하지 않습니다. 2000년부터 2002년까지 천일 동안 정토회에서는 민족의 화해와 통일을 발원하며 1초도 쉬지 않고 24시간 기도를 했는데, 일부 아는 사람들은 그걸 어떻게 하나 싶어서 놀라고 감동합니다. 그게 가능한가 싶은데, 와서 보면 하고 있단 말이죠. 와서 확인해 보면 계속하고 있으니까 감동이 되고, 감동이 되면 자신도 천일 안에 한 번이라도 한 시간이라도 해 봐야겠다는 생각이 들겠지요. 그걸 한다 해서 와 봤더니 안 하고 있거나 하더라도 대충대충 하거나 하면 감동하지 않습니다.

감동이 오도록 기도를 하면 가피가 생깁니다. 전에는 도저히 불가능해 보이던 일이 이루어집니다. 정성을 기울이면 가피가 생깁니다. 하는 짓이 어리석어도 열심히 하면 주위 사람이 도와주지 않습니까. "아이고, 하는 게 가상해서"라는 말을 하잖아요. 하는 게 하도 가상해서 도와줘 봐야 돈 떼이는 거 뻔히 알고도 빌려줄 때 있지요? 이렇게 감동이 와야 해요.

그렇게 기도를 하면 기적이 일어납니다. 천지 기운이 바뀝니다. 우리가 사람을 감동시키는 것을 넘어서면 천지 기운이 바뀔 수도 있어요.

그러나 그것보다 더한 기적은 괴로움이 없는 열반의 경지, 해탈의 경지에 이르는 것입니다. 해탈, 열반은 부처님의 가르침에 따라 수행 정진해야만 증득할 수 있습니다. 이것이 기적 가운데 기적이며 최고의 부처님 가피력입니다.

봉사하기는 싫고
법문만 듣고 싶어요

저는 법문을 듣게 되어 참 좋았고, 그래서 법문 듣는 것이 중요하다는 생각으로 절에 꼬박꼬박 오고 있습니다. 그러면서 부엌의 설거지를 도와야겠다는 생각이 들지만 혹시 좋은 법문 놓칠까 두려워 자리만 지키고 있었습니다. 그러다 보니 좀 부끄럽고 불편해졌어요.

법문의 내용을 잘 살펴보면 결국은 무슨 내용인가요? '이기심을 버려라. 그러면 행복해진다. 내가 이기적인 마음을 내면 나한테 괴로움이 오고, 내가 이기적인 마음을 버리면 내 마음이 편안해진다.' 이것이 법문 내용입니다. 그러니까 이렇게 법문을 들은 결과로 과거에는 무심히 지나갔던 길거리 무료 급식센터에서 틈나는 대로 내가 도와줄 수 있고, 절에 와서도 법문만 듣는 게 아니라 부엌에 가서 설거지도 할 수 있는 거예요.

그런데 절에 와서 법문만 듣고 집에 가거나, 또는 법문은 듣지 않고 내내 부엌에서 일만 하고 가는 사람은 지금 자기가 습관대로만 하고 있는 것이 아닌지 살펴봐야 합니다. 절에 와서 법문은 듣지 않고 일만 하는 사람은 남을 위한 봉사는 하지만, 깨달음을 얻지 못한다면 단순한 노동에 불과하므로 업을 바꿀 수 있는 기회가 없습니다. 뭔가 자꾸 듣고 깨치는 게 있어서 자기를 반성할 기회를 가져야 하는데 법문을 듣지 않기 때문에 일 잘하는 것에만 계속 빠져 있어서 자기 생각을 바꿀 수 있는 기회가 없습니다.

가끔 보면 절에서 봉사는 열심히 하는데 자기 식대로 자기 생각대로만 하고 남의 말은 잘 안 듣는 사람이 있어요. 왜 그런가 하면 법문을 들으면서 자기를 늘 돌아보고 뉘우치는 계기를 마련해야 하는데 법문을 듣지 않기 때문에 자기 식대로만 계속하려고 할 뿐이거든요. 이렇게 해서는 좋은 일을 한다는 이야기는 듣지만 깨침은 얻지 못합니다. 그러니까 이것은 수행이 아니에요. 복은 짓지만 해탈로는 갈 수가 없습니다.

또 절에 와서 손끝 하나 움직이지 않고 앉아서 법문만

듣고 가는 사람은 지적 수준만 높아지지 업을 바꿀 수는 없습니다. 그것은 귀의 즐거움만 추구하는 것인데 그것은 영화 보러 다니는 것과 같습니다. 영화관을 나오면 꿈에서 깬 것처럼 그냥 사라지듯이 법문을 들어서 재미있는 것이지 마음은 안 바뀝니다. 몸에 밴 습관은 귀로 듣는 것만으로 바뀌지 않기 때문이지요. 여러분이 법문을 듣고 깨침이 있어서 각자의 업을 바꾸어야 하는데 귀로 듣기만 하면 몸이 잘 따라가지 않습니다. 예를 들면, 남자가 부엌에 가서 설거지를 하려면 왠지 쑥스럽고 몸에 안 맞는 옷 입는 것 같고 창피하기도 합니다. 그럴 때 법을 배우고 깨친 뒤라면 부엌에 가서 설거지도 해 보고, 화장실 청소도 해 보고, 법당도 닦고, 방석도 깔아 보아야 합니다. 이렇게 자기 업을 바꾸는 연습을 하라는 겁니다. 처음에는 약간 어색한데 한 번 해 보고 두 번 해 보면 괜찮아요.

 길거리에서 모금을 일 주일 하면 절에 1년 다니면서 수행한 것보다 더 공부가 잘 된다고 이야기하시는 분들이 많습니다. 거사님들 중에는 "거사회도 거리 캠페인이나 모금에 나가야 한다, 이렇게 법문만 듣고 있어봐야 안 된다, 내가 모금을 해 보니까 이거야말로 정말 공부가 되는 것이더라."라고 말씀하시는 분도 계십니다. 크든 작든 한 회사의 사장이거나 과장인 남자들이, 학교의 선생님들이 길거리에서 처음 보는 사람들한테 가서 전단지 나눠 주고 모금함 들고 다니면서 꾸벅꾸벅 머리 숙이려면 왠지 쑥스럽고 창피하지요. 이것이 아상이라는 것입니다. 아상으로 인해 마음에 분별이 일어나는 것이지요. 그것을 알아차리고 이 경계에 흔들리지 않는 것이 수행입니다. 사실 자신이 별것도 아닌데 이게 잘 안 됩니다. 그런데 처음에는 조금 쑥스럽지만 한 번 해 보고 두 번 해 보면 나중에는 아무렇지도 않아요. 그리고 아무도 자기를 특별히 쳐다보는 사람도 없다는 것을 알게 됩니다. 그렇게 되면 자기를 바꾸는 굉장한 공부가 되는 겁니다. 그러나 대개 법문은 백 번도 들을 수 있지만 한 번 행동해 보는 것이 정말 어렵다고 합니다. 아무리 여러분이 머리로 헤아려 제법(諸法)이 공(空)한 도리를 안다고 해도 길거리에 모금함을 들고 나가서 한번 해 보면 잘 안 됩니다. 괜히 마음이 조마조마하고 서먹서먹하고 창피하고 누가 보나 싶어 자꾸 뒤돌아보게 됩니다. 그러나 한 번 해 보고, 두 번 해 보고, 세 번 해 보면 그런 것에서 자유로워집니다.

우리가 같은 세상에 산다 해도 자기 머릿속에 그리고 있는 생각은 서로 다릅니다. 그런 것처럼 각자에게는 중요한 일이 있고 사람은 대부분 자기가 중요하다고 생각하는 일을 먼저 할 수밖에 없습니다. 그러나 자기가 중요하다고 생각하는 일만 하게 되면 결국 자기 생각대로만 살아가는 것이기 때문에 자신으로부터 자유롭지 못하게 됩니다. 자기 인생을 정말로 자유롭고 행복하게 살려면 자기에게는 중요하지 않아도 남이 중요하다고 하는 일도 때로는 해야 합니다. 그러니까 나는 법문 듣는 것이 좋지만 설거지를 할 사람이 없으면 법문 못 듣는 한이 있어도 설거지를 해야 하는 것이지요. 그것을 능히 할 수 있어야 인생이 바뀝니다. 결론적으로 말씀드리면 법문 듣는 것은 좋은 일입니다. 설거지를 돕지 못한다고 불편해 할 필요는 없습니다. 설거지하는 봉사는 좋은 수행입니다. 법문을 제대로 들었다면 마땅히 시간을 내어 설거지를 기꺼이 할 줄 알아야 합니다.

틀린 줄 알았으면 고치고 모르면 물어 보면 됩니다.

하루아침에 깨달음을 얻을 수 있나

부처님께서는 어려운 수행 기간을 보냈는데 야사라는 분은 어떻게 하루 만에 깨달음을 얻을 수 있었을까요? 우리도 그렇게 될 수 있는지요?

예, 그렇습니다. 그렇게 될 수 있습니다.

예를 들어 말씀드리겠습니다. 어떤 사람이 밤새 악몽에 시달리고 있는데 마침 제가 들어갔습니다. 헤매며 잠꼬대를 하고 있어요. 그래서 제가 흔들어 깨우니까 눈을 딱 뜨더니 "아, 꿈이네." 했습니다. 다섯 시간 만에 깼습니다. 그런데 한 사람은 악몽에 시달린 지 10분이 채 안 됐어요. 잠꼬대 하자마자 제가 깨워서 그 사람은 10분 만에 깼습니다. 그러면 저 사람은 다섯 시간 만에 깼고 이 사람은 10분

만에 깼으니까, 저 사람은 근기가 낮고 이 사람은 근기가 높은 사람일까요? 그런 게 아닙니다. 야사는 부처님 법을 만나지 못했으면 죽을 때까지 헤맸을지도 모르는 사람입니다. 마침 부처님을 만나서 눈을 뜬 겁니다.

사람들은 이걸 보고 '나도 야사처럼 단번에 깨달을 수 없나?' 생각하지만 그건 욕심입니다. '빨리, 많이' 이런 생각은 다 욕심에 속합니다. 욕심을 버려야 해탈할 수 있지 욕심으로는 깨달을 수 없습니다. 꿈을 꾼다는 것은 여러분들이 겪고 있는 모든 고뇌를 자기 중심에 놓고 사물을 보는 것입니다. 나를 중심에 세우니까 이게 동이 되고, 저게 서가 되고, 남이 되고, 북이 되는 겁니다. 그런데 내 잣대를 놓아 버리면 동서남북이 본래 없습니다. 어디를 기준으로 삼느냐에 따라 동이 되기도 하고, 서가 되기도 하는 것입니다.

그런데 우리는 지금 자기 잣대를 움켜쥐고 있습니다. 그렇기 때문에 번뇌가 일어납니다. 그걸 내려놓으면 번뇌는 즉시 사라집니다. 지금 법을 만나지 못해서 번뇌가 사라지지 않는 것이 아니고, 자기 잣대를 내려놓지 않기 때문에 번뇌가 사라지지 않는 것입니다.

각자가 가지고 있는 잣대라는 것이 얼마나 무서운 것

입니까? 부처님이 아들 대학 합격 시켜주면 믿고, 도와주지 않으면 믿지 않습니다. 내 이익에 도움 되지 않으면 내버립니다. 절에 다니는 것, 결국 종교란 것에서도 모든 것의 중심은 '나'입니다. 그러니까 모든 괴로움은 내 잣대 때문에, 나를 중심에 둠으로써 일어나는 것입니다. 이것을 내려놓으면 즉시 편안해집니다. 그런데 그걸 딱 움켜쥐고 있습니다. 그것을 움켜쥐고 있는 동안은 꿈속을 헤매는 겁니다.

사람이 얼마나 이기적입니까? 여러분도 어떤 스님의 법문을 듣고 마음에 쏙 들면 지나가는 스님도 '우리 스님'이 되고, 3년을 공부했더라도 마음에 안 들면 그날로 뒤돌아서 버립니다. 이게 우리 자신의 모습입니다. 이것이 중생이지요. 그러니까 고뇌가 거기서부터 일어납니다. 나를 중심으로 사물을 바라보는 이것에서부터 동서남북이 생기고 만상이 생기므로, 이것만 내려놓으면 즉시 만상이 무상으로 돌아갑니다. 상이 없어집니다. 그러므로 공부는 바로 여기서부터 시작해야 합니다.

오늘 당장 나를 중심에 세우고 바라보던 모든 것을 놓아 보세요. 그러면 누구 번뇌가 사라질까요? 내 번뇌가 사라집니다. 내 번뇌가 사라지지 않으면 내가 스트레스를 받으니까 내 인생이 괴롭고, 내 번뇌가 사라지면 내 인생에 스트레스가 없으니까 내가 즐겁습니다. 즐겁고 편안하니까 에너지가 자꾸 나오고 활력이 생기고 자신감이 생깁니다. 스트레스가 쌓이면 짜증내고 성질내고 만사가 뜻대로 안되고 절망하고 침울해지고 남 보기 싫고 죽고 싶습니다. 전생에 무슨 원수가 져서 저러나 싶어 전생도 원망스럽고, 온갖 것들이 다 문제가 되지요. 자기가 좋으면 전생도 좋고 내생도 좋고 지금도 좋고 길 가는 사람도 다 좋게 됩니다.

자기 잣대를 내려놓으면 야사처럼 될 수 있습니다. 야사처럼 되는 길은 누구나 가능합니다. 오늘 집에 가서 연습을 해 보세요. 실제로 되든 안 되든, 남편이나 아내가 뭐라고 하면 말로만이라도 "예!" 해 보세요. 지금은 말로만이라도 그게 잘 안됩니다.

"내일 절에 가지 마라."

"예."

내일 가는 한이 있더라도 어쨌든 일단 "예" 하고, 갈 수밖에 없으면 그냥 가고 꾸중을 들으세요. "안 간다 하고는 왜 갔느냐?" 하면 "아이고, 죄송합니다." 하면 됩니다. 그렇게 연습해 보세요. 연습을 하면 됩니다. 거짓말하라는 것이 아니라 '내 생각 내려놓기 연습'을 하라는 것입니다.

참선한다고 해서 내 생각이 잘 내려놓아지지 않습니다. 염불한다고 해도 내려놓아지지 않습니다. 자기를 움켜쥐는 것을 내려놓기 위해서는 직접 부딪치는 속에서 한번 해 봐야 합니다. 그런데 사실, 연습 삼아 한번 해 보려 해도 현실에 부딪치면 잘 안 됩니다. 입이 굳어지고 표정도 굳습니다. 그래서 연습으로 몇 번 해 보면 나중에 진짜 됩니다. 그렇게 하면서 여유가 생기면 지혜가 생깁니다. 상대를 변화시키는 것은 그때 가서 논해야 합니다.

지금 우리는 상대를 어떻게 바꾸겠다는 생각을 버려야 합니다. 남편을 고치겠다, 자식을 고치겠다, 시어머니를 고치겠다는 생각은 털끝만큼도 할 시점이 아닙니다. 상대는 그냥 그대로 두고 내가 "예" 하는 마음으로 내려놓으면서 내가 먼저 편안해져야 합니다. 그렇게 법의 기쁨을 느낀 다음에 다른 분에게도 전할 것을 생각해야 합니다. 지금 다른 사람에 대해서 논하면 그건 마음공부가 아닙니다. '내가 참선을 하면 저 사람이 변할 것이다.' 이렇게 생각하면 그건 기복이지요. 앉아 있다고 다 참선이 아니에요. 참선하면 복이 빨리 얻어진다 해서 참선을 한다면, 그것은 복을 얻는 수단일 뿐 참선은 아닙니다.

불법의 위대함은 누구나 직접 해 보면 체험할 수 있다

는 데 있습니다. 그대로 해 보면 그게 자신한테 이익인 줄 금방 알게 됩니다. 자전거를 타면 걸어 다니는 것보다 편리하지요? 그런데 자전거를 타려면 넘어지는 시행착오를 겪어야 합니다. 그래서 처음에는 걷는 것보다 느릴 수도 있고, 더 손해 날 수도 있고, 다칠 수도 있습니다. 그 어떤 경우에도 그런 과정은 다 겪어야 합니다. 그런 걸 거치지 않고 그냥 타기만을 바란다면 그것은 욕심입니다.

그래서 첫째, 이치를 알아야 하고, 둘째, 그 이치대로 될 때까지 연습을 해야 합니다. 그걸 수행이라고 하지요. 그래서 아침마다 한 시간 정진을 하는 것입니다. 학교 공부에 비유하면, 예습하는 겁니다. 정신을 차리고 하루 일과를 시작하는 것입니다. 또 저녁에도 하면 복습을 하는 셈이지요. 그렇게 하면서 복을 가지고 올 인연을 짓는 것이지요.

계율을 지키려니
사회생활이 어려울 것 같아요

저는 직업상 주변 사람들과 좋든 싫든 관계를 유지해야 합니다. 그런데 이들은 대체로 일 때문에, 또는 일을 핑계로 술과 유흥을 선호하고 이것을 당연하게 생각합니다. 멀리하자니 비사교적, 독선적이라 비난받을 것 같고, 좋은 게 좋다고 어울리자니 옳지 않은 것 같습니다. 인간관계를 계속 유지하기 위해 옳지 않지만 어울리는 것이 좋을까요, 아니면 외면을 당하더라도 독불장군처럼 지내는 게 좋을까요?

도를 간절히 구하는 질문인 것 같지만 사실 이 질문을 하신 분은 욕심덩어리예요. 욕심이란 게 뭐냐? 이것도 갖고 싶고 저것도 갖고 싶은 게 욕심입니다. 수행은 둘 다 버리는 것입니다. 차선책은 선택입니다. 수행도 잘 하고 친구 관계도 잘해 보겠다, 모든 걸 다 잘해 보겠다는 것은 욕심이지요. 인생은 선택입니다. 그러니까 수행정진이 중요하다고 생각하면 다른 걸 포기해야 합니다. 십만 원 매상 오르던 것이 삼만 원이 되어도 좋다, 생활을 거기에 맞춘다고 정하면 라면을 끓여 먹으며 살더라도 그렇게 사는 게 좋아야 합니다. 그렇게 순서를 정한대로 사는 겁니다. 다 하려고 하면 안 됩니다. 그렇게 순서를 정하면 아무 문제도 안 돼요. 그러면 모든 인간관계가 그렇게 재편이 됩니다. 친구 관계가 새롭게 만들어지고, 새로운 손님이 생깁니다.

거사님 중에 이런 분이 있었어요. 토목공사를 하시는데 주로 지방의 관급 공사를 따는 일을 하다보니까 술로 세월을 보내야 했어요. 그런데 '깨달음의 장' 수련에 다녀오시더니 술을 딱 끊으셨어요. 그리고 나중에 이렇게 말씀하셨어요. "술 안 마셔도 사업 되더라. 그 돈 벌어서 술값으로 나가나 조금 덜 벌고 사나 마찬가지더라."

사업하는 사람들은 매일 술을 마시잖아요? 그런데 수요일은 법문 들으러 간다고 술 마시는 자리에서 빠졌어요. 처음에는 주변에서 손가락질하고 놀리고 "네가 중이냐, 부처나?" 했답니다. 그런데 그 사람은 수요일에는 무조건 법당에 가니까, 나중에는 동창회를 하든 모임을 하든 술자리를 하든, 그 사람이 꼭 필요하면 수요일을 피해서 약속을 잡게 됐어요. 이렇게 인간관계가 재편됩니다. 그러니까 그렇게 감수하든지 현재의 관계를 유지하든지 그건 본인이 선택할 일입니다.

뭔가 바꿀 때는 기존의 것은 떨어지고 새로운 것은 빨리 오지 않습니다. 사회에서 개혁을 할 때에도 개혁 대상이 되는 기득권층의 원성은 높아지고 새로운 혜택을 받을 사람들에게서는 호응이 빨리 오지 않습니다. 그래서 개혁이 실패하기 쉬운 거예요.

좀 더 길게 볼 수 있는 눈이 있어야 합니다. 그건 고집하고는 달라요. '내가 술 안 마시니 너도 마시지 마라.' 하는 것이 아니라 '너는 마셔라, 그러나 나는 건강에 안 좋다고 해서 오늘부터 안 마신다.' 하고 선택하는 것입니다. 술 마시는 사람들 속에서 안 마시고 담배 피우는 사람들 속에서 안 피우고, 그렇게 밀고 나가면 저절로 해결됩니다.

그런데 내가 마음이 흔들리니까 자꾸 비난하는 소리가 귀에 들어오는 거예요. 제가 십년 전에 북한 동포 돕기 시작할 때, 많은 사람들이 반대하고 비난했습니다. 그러나 묵묵히 계속해 나갔지요. 그건 처음부터 각오하고 시작했기 때문이죠. 비난 받든 잡아가든 상관하지 않겠다고 각오하고 했으니까요. 시간이 지나면 사람들이 이해할 거라는 믿음이 있었습니다. 왜냐하면 죽어가는 사람을 살리자는 것이니까요. 그렇게 자기가 방향을 잡아서 인생을 살아야 합니다.

남의 이야기를 귀담아듣기는 해야 하지만 남의 이야기에 너무 구애 받을 필요는 없어요. 남의 이야기에 구애 받는 것은 인기에 연연하기 때문이에요. 자기 중심을 잡아야 해요. 그러면 문제가 안 됩니다. 다 가지려는 데서 이런 번뇌가 생기는 겁니다.

책을 접으며 _ 현실을 알고 인연 따라 사는 삶이 적극적인 삶

스님, 마음이 불편해요.
어떻게 하면 될까요?

'현실을 먼저 보라.'

부처님께서 실상을 먼저 보라고 하셨습니다. 여러분들은 제법실상(諸法實相)이 매우 어려운 것이라고 생각하는데 그렇지 않습니다. 오늘 날씨부터 먼저 쳐다보고 농약을 칠까, 김을 맬까, 이렇게 하루 일과를 정하는 것을 실상을 본다고 합니다. 이게 도입니다. 남편의 실제 모습, 성격, 취미, 태도를 그대로 보고 그것을 인정하고, 그 다음에 내가 어떻게 맞춰서 살 것인가 고민하는 게 도입니다. 어려운 것이 아닙니다. 이것이 실상을 깨닫고 인연을 따라 사는 삶입니다.

자기가 생각할 때 남편이 자기보다 학벌도 좋고, 인물도 낫고, 나가서 돈도 잘 벌면 나로서는 남편을 잘 만났다 생각합니

다. 내가 그렇게 생각하면 다른 여자들도 그렇게 생각할 수 있습니다. 그래서 잘난 남편의 주위에는 늘 여자들이 많습니다. 나보다 예쁜 여자도 있을 것이고, 나보다 젊은 여자도 있을 것이고, 나보다 학벌이 좋고 똑똑한 여자도 있을 것입니다. 이럴 때 그 여자들을 질투하고 나는 왜 수준이 이것밖에 안 되느냐고 자신을 학대하고, 남편을 나쁜 놈이라고 욕하면 잘못 생각하는 것입니다. 저렇게 인기 있는 남편하고 같이 사는 내가 자랑스럽다고 생각해야 합니다. 그 여자 우리 남편 좋아해 주니 좋다고 생각해야 합니다. 저렇게 똑똑한 여자도 우리 남편을 좋아하는데 그래도 그 잘난 남자의 아내는 나라고 생각하면 문제가 되지 않습니다. 혹은 '남편이 나보다 다른 여자에게 관심이 더 많은데 그깟 돈 좀 많다고, 인물 좀 있다고 굳이 내가 비굴하게 살 필요가 있나.' 하고 생각한다면 아무리 돈이 많고 인물이 잘 생겨도 "안녕히 계십시오." 하고 끝내면 됩니다. 그렇게 하는 것이 나쁜 게 아닙니다.

그러나 대개 아내들은 남편이 잘나기를 바라면서도 자기만 쳐다보기를 바랍니다. 이것이 현실에서 잘 맞지 않습니다. 이것은 백에 하나, 만에 하나 있을까 말까 합니다. 우리는 늘 이런 요행수를 바라며 살기 때문에 인생이 괴롭습니다. 그러니 현실을 알아야 합니다. 현실을 먼저 보고 그것에 맞춰서 자기 인생을 정해야 합니다. 오늘 할 일을 먼저 정하고 날씨가 이래야 한다 저래야 한다 하지 말고, 날씨를 먼저 보고 자기 할 일을 정하면 됩니다. 그러면 날씨와 내가 아무 관계가 없습니다.

누구나 다 이런 이치는 알 수 있습니다. 이렇게 행하면 편안해지고 해탈합니다. 그런데 여러분들은 수행에 대한 환상을 가지고 있습니다. 욕심을 버리라고 수없이 이야기했습니다. 그러나 욕심으로 수행합니다. 어리석음을 버리라고 했는데 뒤집어진 잘못된 생각을 가지고 욕심에 눈이 먼 채 수행하겠다고 하니 수행이 안되는 겁니다. 경전을 아무리 많이 읽어도 인생 문제가 해결되지는 않습니다. 그래서 절에 부지런히 다니고, 포교하고, 열심히 하는데도 가정불화가 생깁니다. 그러면 세상 사람들에게 손가락질 받습니다. 제대로 이치를 모르고 수행하기 때문에 그렇습니다. 그러니 불법을 바르게 이해하십시오. 그리고 인생을 가볍게 생각하십시오. 어떤 일이 생겼을 때 무겁게 받아들이지 말고 가볍게 받아들이고, 함부로 하지 말고 진중하게 임하면 인생살이가 아주 쉽습니다.

부처님은 왕위도 버리고 살지 않았습니까? 크게 버리십시오. 생각을 크게 내십시오. 이렇게 현실을 찬찬히 보면 손실을 보지 않고 이익을 볼 수 있습니다. 눈앞의 돈이나 지위, 명예라는 이익에 눈이 멀면 인생의 행복을 잃어버립니다. 정진 잘해 나가시길 바랍니다.

2006년 9월
법륜

독후감

인생이라는 것, 어머니 그리고 법륜 스님

어머니는 참으로 지혜롭고 자비로운 스승이셨다. 나는 그 어머니 덕분에 한번도 도맡아 집살림을 한 적이 없는데도 어지간한 음식을 제법 할 뿐만 아니라, 음식을 만드는 데 소소한 지혜도 갖고 있다.

'어떤 음식도 간을 맞출 때는 한 번에 맞춰라. 한 번에 못 맞추고 물 넣고 소금 넣고 간장 넣고를 반복하면 쓴맛이 돈다.' '뭐든 깨끗이 씻는다고 세제 쓰지 마라, 한번만 더 생각하면 거품 나는 세제가 뭐 그리 깨끗하겠나.' '흙이 많은 채소는 씻지 말고 삶아라, 삶아 헹구면 자연 흙이 털리는데 괜히 물 쓴다.' ……

내가 어머니에게 배운 게 어디 그것만이겠는가. 안면만 있는 어른이어도 인사를 해야 하는 게 도리인 것도, 애들에겐 져주는 게 인정인 것도, 말보단 행동인 것도 어머니에게서 배웠다. 성인이 되어 분가하는 내게 2만 원짜리 이불과 당신이 쓰던 국그릇 밥그릇을 나눠주며 하신 당부 말씀도 잊지 않는다. '더는 집에서 가져가려고도 말고, 주려고도 마라.' 언젠간

떠날 부모에게 의지하지 말라는 그 말씀은 자비고 지혜였다. 그런 어머니가 살아계실 때, 나는 참 편했다. 모르면 물으면 되고, 물어서 나온 답은 참으로 지혜로워 굳이 외우지 않아도 뼛속에 박혔다. 그렇게 달려가 물을 수 있는 어머니를 잃고, 나도 질문하는 법을 잊어갔다. 그러다 보니 서른 후반, 모든 게 엉망이 되어 있었다. 글 쓰는 작가라는 사람이 세상의 도리를 잊어갔고, 뭇사람들의 아픔을 외면하고, 가족은 물론 친구, 연인과의 갈등도 풀지 못해 전전긍긍했다. 그때 법륜 스님을 만났다.

나이 그만치 먹고 그깟 것도 모르냐는 핀잔을 들을 법한 내 안의 질문들을 스님은 꾸짖지 않고, 내치지 않고, 비아냥대지 않고, 내 어머니처럼 자상하게 불법을 통해 답해주셨다. 그래서 나는 스님의 책만 나오면 챙기는 마니아가 되었다. 사는 게 비루하고 허망하고 난처하고 당황스러운 사람이 나뿐만은 아닐 것이다. 매일 밤낮, 남도 아닌 사랑하는 사람과의 갈등 속에서 도무지 뭐가 문제인가를 질문하는 사람 역시 수두룩할 것이다. 나는 그들에게 간곡히 이 책을 권해본다. 큰 스승을 만난 기쁨에 자못 설렐 것이다.

노희경_방송작가

마음을 비춰주는 거울

이 책속에 나오는 질문자들은 모두 하나 같이 내가 말하지 못하는 나의 문제를 꼬집어 질문하는 것 같다. 우선 그 질문자들에게 한없는 존경과 감사의 마음이 샘솟는다. 그냥 무엇이든 두서없이 막연하게 묻는 것 같은데 스님의 대답 속에서 그 질문은 논리가 정연하고 진지하고 훌륭한 내용이 되어 있다. 질문하는 상황은 끝없이 어두운 가시덤불 속인데 스님은 그 가시덤불을 굵은 가지는 톱으로 자르고 잔가지는 가위로 다듬은 다음 바닥은 평평하게 다져서 편안하고 곱다란 오솔길을 내 주셨다. 책 속에 길이 있다는 말은 귀에 못이 박히도록 들었다. 나는 『법륜스님의 즉문즉설2-스님, 마음이 불편해요』에서 편안하게 피안에 이르는 여러 가지 길을 찾았다.

나는 지금까지 대략 세 종류의 거울을 가지고 있었다. 겉으로 드러나는 얼굴 표정과 옷매무새를 있는 그대로 비춰 주는 보통의 유리거울이 그 첫째요, 내가 일상에서 만나고 부대끼고 대화하는 가운데 편안하고 불편하고 좋고 싫고 마땅하고 못마땅해 하는 나를 여과 없이 그대로 비춰 주는 가족과 직장동료

와 고객들이 그 둘째며, 내가 가르치거나 시키지 않아도 나 어릴 적 버릇까지 영락없이 재현해 내는 나의 자식들이 그 셋째 거울이라고 여겼다. 그런데 이번에 언제 어디서든 검댕 묻고 헝클어진 내 마음을 속속들이 비춰 말갛고 가지런히 씻어주는 또 하나의 거울을 발견한 것이다. 『법륜스님의 즉문즉설2-스님, 마음이 불편해요』는 '마음을 비춰 주는 거울'이다.

마경숙_주부